COMMISSION DES RÉPARATIONS

III

DOCUMENTS OFFICIELS

RELATIFS AU

MONTANT DES VERSEMENTS

A EFFECTUER

PAR L'ALLEMAGNE

AU TITRE DES RÉPARATIONS

LIBRAIRIE FÉLIX ALCAN

COMMISSION DES RÉPARATIONS

COMMISSION DES RÉPARATIONS

III

DOCUMENTS OFFICIELS

RELATIFS AU

MONTANT DES VERSEMENTS

A EFFECTUER PAR L'ALLEMAGNE

AU TITRE DES RÉPARATIONS

VOLUME I

(1er mai 1921-1er juillet 1922)

PARIS

LIBRAIRIE FÉLIX ALCAN

108, BOULEVARD SAINT-GERMAIN, 108

1922

TABLE DES MATIÈRES

I

II

III

XI

XII

XIII

XIV

XV

XVI

I

ÉTAT DES PAYEMENTS

PRESCRIVANT LES ÉPOQUES ET LES MODALITÉS POUR GARANTIR ET ÉTEINDRE L'ENTIÈRE OBLIGATION DE L'ALLEMAGNE AU TITRE DES RÉPARATIONS CONFORMÉMENT AUX ARTICLES 231, 232 ET 233 DU TRAITÉ DE VERSAILLES.

LETTRE D'ENVOI

COMMISSION DES RÉPARATIONS.

—

Paris, 5 mai 1921.

La Commission des Réparations
à la Kriegslastenkommission.

La Commission des Réparations a l'honneur de notifier, par le document ci-joint, au Gouvernement allemand l'état de payements prescrivant les époques et les modalités pour garantir et éteindre l'entière obligation de l'Allemagne au titre des Réparations, conformément aux Articles 231, 232, 233 du Traité de Versailles.

Signé : Dubois.
John Bradbury.
Salvago Raggi.
Delacroix.

ÉTAT DES PAYEMENTS

PRESCRIVANT LES ÉPOQUES ET LES MODALITÉS POUR GARANTIR ET ÉTEINDRE L'ENTIÈRE OBLIGATION DE L'ALLEMAGNE AU TITRE DES RÉPARATIONS, CONFORMÉMENT AUX ARTICLES 231, 232 ET 233 DU TRAITÉ DE VERSAILLES.

La Commission des Réparations a, conformément à l'Article 233 du Traité de Versailles, fixé comme suit les époques et les modalités pour garantir et éteindre l'entière obligation de l'Allemagne au titre des Réparations, telle qu'elle résulte des Articles 231, 232 et 233 du Traité.

Cette fixation est faite sans préjudice de l'obligation de l'Allemagne d'effectuer les restitutions prévues à l'Article 238 ou de toutes autres obligations résultant du Traité de Versailles.

ARTICLE Ier.

L'Allemagne exécutera de la manière stipulée dans le présent document l'obligation qu'elle a de payer la somme totale fixée, conformément aux Articles 231, 232 et 233 du Traité de Versailles, par la Commission, savoir : 132 milliards de mark-or.

On en déduira : *a*) le montant de la somme déjà versée au titre des Réparations; *b*) les sommes qui peuvent être successivement portées au crédit de l'Allemagne en contre-partie des propriétés de l'Empire et des Etats allemands situés dans les territoires cédés, etc., et *c*) toutes sommes reçues d'autres Puissances ennemies ou ex-ennemies, qui pourront être portées, par décision de la Commission, au crédit de l'Allemagne. On y ajoutera le montant de la dette belge envers les Alliés. Les montants de ces déductions et de cette addition seront déterminés ultérieurement par la Commission.

Article 2.

L'Allemagne créera et remettra à la Commission, en remplacement des bons déjà remis ou susceptibles d'être remis en exécution du paragraphe 12 c de l'Annexe II de la Partie VIII (Réparations) du Traité de Versailles, les obligations ci-après décrites :

A. — Obligations, pour un montant de 12 milliards de mark-or.

Ces obligations seront créées et remises au plus tard le 1er juillet 1921. Il sera prélevé annuellement, sur les fonds à fournir par l'Allemagne à partir du 1er mai 1921 en vertu du présent document, une somme égale à 6 o/o de la valeur nominale des obligations émises. Sur cette somme, il sera prélevé la somme nécessaire pour payer un intérêt de 5 o/o l'an, payable par semestre aux obligations non amorties. Le solde sera affecté à un fonds d'amortissement destiné au remboursement au pair des obligations par tirages annuels.

Ces obligations seront désignées, dans le présent document, sous le nom de *Obligations des séries A*.

B. — Obligations pour une nouvelle somme de 38 milliards de mark-or.

Ces obligations seront créées et remises le 1er novembre 1921 au plus tard.

Il sera prélevé annuellement, sur les fonds à fournir par l'Allemagne à partir du 1er novembre 1921 en vertu du présent document, une somme égale à 6 o/o de la valeur nominale des obligations émises. Sur cette somme il sera prélevé la somme nécessaire pour payer un intérêt de 5 o/o l'an, payable par semestre aux obligations non amorties. Le solde sera affecté à un fonds d'amortissement destiné au remboursement au pair des obligations par tirages annuels.

Ces obligations seront désignées, dans le présent document, sous le nom d'*Obligations des séries B.*

C. — Obligations pour un montant de 82 milliards de mark-or, montant sujet à tel ajustement ultérieur qui pourra être jugé nécessaire par application de l'Article Ier ci-dessus, cet ajustement se faisant par la création ou l'annulation d'obligations.

Ces obligations seront créées et remises, sans coupons attachés à la Commission des Réparations, le 1er novembre 1921 au plus tard; elles seront émises par la Commission au fur et à mesure que celle-ci estimera que les versements, que l'Allemagne est requise de faire en exécution du présent document, sont suffisants pour assurer le service des intérêts et de l'amortissement desdites obligations. Il sera prélevé annuellement, à partir de la date d'émission par la Commission des Réparations, sur les fonds à fournir par l'Allemagne, en vertu du présent document, une somme égale à 6 o/o de la valeur nominale des obligations émises. Sur cette somme, il sera prélevé la somme nécessaire pour payer un intérêt de 5 o/o l'an, payable par semestre aux obligations non amorties. Le solde sera affecté à un fonds d'amortissement destiné au remboursement au pair des obligations par tirages annuels.

Le Gouvernement allemand délivrera à la Commission des feuilles de coupons pour lesdites obligations, au fur et à mesure de leur émission par la Commission.

Ces obligations seront désignées, dans le présent document, sous le nom d'*Obligations des Séries C*.

Article 3.

Les obligations prévues à l'Article 2 seront au porteur et signées par le Gouvernement allemand. Elles seront établies en telles forme et coupures que prescrira la Commission à l'effet de les rendre négociables. Elles seront exemptes de toutes taxes ou impôts allemands, de quelque nature que ce soit, présents ou futurs.

Sous réserve des dispositions des Articles 248 et 251 du Traité de Versailles, ces obligations seront garanties par l'ensemble des revenus et ressources de l'Empire et des Etats allemands, et, en particulier, par les revenus et ressources spécifiés à l'Article 7 du présent document.

Les obligations des séries A, B et C jouiront respectivement les unes vis-à-vis des autres, sur lesdits revenus et ressources, d'un privilège de premier, deuxième et troisième rang. Le service de ces obligations sera assuré au moyen des payements à effectuer par l'Allemagne en vertu du présent document.

Article 4.

L'Allemagne payera chaque année, jusqu'à ce que les obligations prévues à l'Article 2 ci-dessus aient été amorties par le jeu du fonds d'amortissement, les sommes suivantes :

1° Une somme de 2 milliards de mark-or;

2° *a*) Une somme que la Commission déterminera comme étant l'équivalent de 25 o/o de la valeur des exportations allemandes pendant chaque période de 12 mois à partir du 1er mai 1921;

ou bien :

b) Telle autre somme équivalente qui pourrait être fixée d'après un autre indice à proposer par l'Allemagne et qui serait agréé par la Commission;

3° Une somme supplémentaire équivalente à 1 o/o de la valeur totale des exportations allemandes déterminée comme il est dit ci-dessus, ou telle autre somme équivalente qui pourra être fixée comme il est dit à l'alinéa *b*) ci-dessus.

Toutefois, lorsque l'Allemagne se sera acquittée de ce qui lui incombe en vertu du présent document, en dehors des charges afférentes aux séries d'obligations non amorties, le montant à payer chaque année en vertu du présent article sera réduit à la somme nécessaire au cours de ladite année pour faire le service des intérêts et du fonds d'amortissement relatif aux séries d'obligations non amorties.

Sous réserve des stipulations de l'article 5, les payements prévus sous l'alinéa premier ci-dessus devront être faits trimestriellement par quart, c'est-à-dire les 15 janvier, 15 avril, 15 juillet, 15 octobre de chaque année au plus tard. Les payements prévus aux alinéas 2 et 3 ci-dessus devront être faits trimestriellement par quart, les 15 février, 15 mai, 15 août et 15 novembre au plus tard et calculés sur la base des exportations de l'avant-dernier trimestre, le premier payement devant être fait le 15 novembre 1921 au plus tard et calculé sur la base des exportations pendant le trimestre se terminant le 31 juillet 1921.

Article 5.

L'Allemagne payera, dans les 25 jours de la notification du présent document, la somme de 1 milliard de mark-or, en or, ou en devises étrangères approuvées par la Commission, ou en traites sur l'étranger approuvées par la Commission, ou en effets à trois mois sur le Trésor allemand avalisés par des banques allemandes agréées, ces traites et effets payables en francs à Paris, en livres à Londres, en dollars à New-York ou en toute autre monnaie sur toute autre place que la Commission désignera. Ces payements seront considérés comme les deux premiers versements trimestriels à valoir sur les versements prévus pour satisfaire aux prescriptions de l'Article 4, 1°.

ARTICLE 6.

Dans les 25 jours qui suivront la notification du présent document, en accord avec le paragraphe 12 *bis* (*d*) de l'Annexe II du Traité, amendée, la Commission des Réparations constituera la Sous-Commission spéciale appelée *Comité des Garanties.*

Le Comité des Garanties sera composé de représentants des Puissances alliées actuellement représentées à la Commission des Réparations, et comprendra un représentant des Etats-Unis d'Amérique au cas où ce Gouvernement désirerait en désigner un.

Ce Comité devra s'adjoindre par cooptation trois représentants au plus des ressortissants des autres Puissances, dès qu'il apparaîtra à la Commission que des obligations émises en vertu du présent document sont entre les mains de ressortissants desdites Puissances en quantité suffisante pour justifier la représentation de ces ressortissants dans le Comité des Garanties.

ARTICLE 7.

Le Comité des Garanties sera chargé d'assurer l'application des Articles 241 et 248 du Traité de Versailles.

Il aura qualité pour surveiller l'application au service des obligations prévues à l'article 2 des fonds qui leur sont affectés comme garantie pour les payements à faire par l'Allemagne conformément à l'article 4. Ces fonds seront les suivants :

a) Le produit de tous les droits des douanes maritimes et terrestres, spécialement des droits à l'importation et à l'exportation;

b) Le produit d'un prélèvement de 25 o/o sur la valeur de toutes les exportations de l'Allemagne, à l'exception des exportations auxquelles s'applique, en vertu de la législation visée à l'Article 9 ci-après, un prélèvement d'au moins 25 o/o;

c) Le produit des taxes ou impôts directs ou indirects ou de toutes autres ressources qui seraient proposées par le Gouvernement allemand et acceptées par le Comité des Garanties, pour parfaire ou pour remplacer les fonds spécifiés aux alinéas *a*) et *b*) ci-dessus.

Le Gouvernement allemand versera, en or ou en monnaies étrangères approuvées par le Comité à des comptes à ouvrir au nom dudit Comité et surveillés par lui, tous les fonds affectés au service des obligations.

L'équivalent des 25 o/o visés à l'alinéa *b* sera versé à l'exportateur en monnaie allemande par le Gouvernement allemand.

Le Gouvernement allemand devra notifier au Comité des Garanties tout projet qui pourrait tendre à diminuer le produit des ressources affectées, et, si en raison d'un semblable projet le Comité le demande, il devra y substituer d'autres ressources agréées par le Comité.

Le Comité des Garanties sera chargé en outre de procéder, au nom de la Commission, à l'examen prévu par le paragraphe 12 *b*, de l'Annexe II de la Partie VIII du Traité de Versailles. Il sera chargé de vérifier, au nom de ladite Commission, et, s'il est nécessaire, de rectifier le montant déclaré par le Gouvernement allemand comme valeur des exportations allemandes en vue du calcul de la somme payable dans le courant de chaque année ou de chaque trimestre en vertu de l'article 4, 2°. Il vérifiera et rectifiera, au besoin, au nom de ladite Commission, le montant des ressources affectées en vertu du présent article au service des obligations.

Il aura également le droit de prendre toutes mesures jugées nécessaires pour assurer l'accomplissement régulier de sa tâche.

Le Comité des Garanties n'est pas autorisé à s'ingérer dans l'administration allemande.

Article 8.

Conformément au 2e alinéa du paragraphe 19 de l'Annexe II amendée, l'Allemagne, avec l'approbation préalable de la Commission, fournira immédiatement, sur demandes de chacune des Puissances Alliées, les matériaux et la main-d'œuvre, dont celles-ci auront besoin soit pour la restauration de leurs régions dévastées, soit pour leur permettre de rétablir ou de développer leur vie industrielle ou économique. La valeur de ces matériaux et de cette main-d'œuvre sera fixée, dans chaque cas, par deux experts désignés, l'un par l'Allemagne, l'autre par la puissance intéressée, et, à défaut d'accord entre eux, par un arbitre désigné par la Commission des Réparations.

Cette disposition ne s'applique pas à l'évaluation des livraisons faites en exécution des Annexes III, IV, V et

VI de la Section I de la Partie VIII du Traité de Versailles.

ARTICLE 9.

L'Allemagne prendra toutes mesures législatives ou administratives nécessaires pour faciliter la mise en œuvre de la loi de 1921 en vigueur dans le Royaume-Uni sur les réparations allemandes (German Reparation Recovery Act 1921) ou toute autre législation analogue édictée par les autres Puissances Alliées, et tant que ces législations resteront en vigueur. Les payements effectués en vertu de ces législations seront portés au crédit de l'Allemagne à valoir sur les versements qu'elle doit effectuer en vertu de l'Article 4, 2° du présent document.

La contre-valeur en monnaie allemande sera payée à l'exportateur par le Gouvernement allemand.

ARTICLE 10.

Le montant de tous payements sous forme de prestations ou livraisons en nature et de toutes recettes effectuées en vertu de l'Article 9 ci-dessus sera versé à la Commission par la Puissance alliée bénéficiaire, en espèces ou en coupons échus ou à échoir à la prochaine échéance, dans un délai d'un mois à dater de la réception; ce montant sera porté au crédit de l'Allemagne à valoir sur les payements qu'elle doit faire en vertu de l'Article 4.

ARTICLE 11.

La somme payable en vertu de l'Article 4, 3°, ainsi que tout excédent des recettes effectuées chaque année par la Commission, en vertu de l'Article 4, 1° et 2° qui ne serait pas nécessaire pour le service des intérêts et de l'amortissement des obligations en circulation au cours de ladite année, seront capitalisés et appliqués par la Commission jusqu'à concurrence de leur montant, et à telle époque que celle-ci jugera convenable, au payement d'un intérêt simple sur le solde de la dette non couverte à ce moment par les obligations émises. Cet intérêt ne dépassera pas 2 1/2 o/o par an à partir du 1er mai 1921, jusqu'au 1er mai 1926, et ensuite 5 o/o.

L'intérêt de ce solde de la dette ne sera pas cumulatif et aucun autre intérêt sur ce solde ne pourra être payé autrement que comme il est prévu dans le présent Article.

ARTICLE 12.

Il n'est apporté par les présentes aucune modification aux dispositions garantissant l'exécution du Traité de Versailles. Ces dispositions sont applicables aux stipulations du présent document.

II

NOTES

ADRESSÉES AU GOUVERNEMENT ALLEMAND

PAR LE

COMITÉ DES GARANTIES

A LA SUITE DE SON PREMIER VOYAGE A BERLIN

LETTRE DE COUVERTURE

Berlin, 28 juin 1921.

COMITÉ DES GARANTIES.

—

Le Comité des Garanties
à Monsieur le Chancelier du Reich
Dr Wirth (Berlin).

Monsieur le Chancelier,

Le Comité des Garanties a procédé à l'étude des conditions dans lesquelles il assurera l'exécution des clauses de l'Etat des payements notifié par la Commission des Réparations au Gouvernement allemand le 5 mai 1921.

Il a, d'autre part, examiné les propositions, suggestions et remarques, qui lui ont été présentées par le Gouvernement allemand, concernant l'application des dispositions des articles 4 et 7 dudit Etat des payements.

Le Comité des Garanties a l'honneur de vous adresser ci-inclus cinq notes contenant les décisions prises par lui à ce jour et traitant respectivement des sujets mentionnés ci-après :

Note n° 1. — Dispositions générales, nature des garanties, dispositions spéciales à l'année 1921-1922.
Note n° 2. — Interprétation du mot « exportations » et remplacement éventuel de l'indice « exportations ».
Note n° 3. — Prélèvement de 25 o/o sur la valeur des exportations de l'Allemagne.
Note n° 4. — Affectation des recettes des douanes à la garantie des obligations.
Note n° 5. — Organisation du contrôle.

Le Comité est prêt à donner au Gouvernement allemand les renseignements complémentaires que celui-ci pourra désirer. Ces renseignements pourront être donnés verbalement jusqu'au mercredi 29 juin courant à midi. Passé cette date, le Comité étant obligé de quitter Berlin ledit jour à quatorze heures, les communications que le Gouvernement allemand aura à lui adresser devront lui parvenir par l'intermédiaire du Président de la Délégation du Comité des Garanties à Berlin, Prinz Albrecht Strasse n° 9.

Veuillez agréer, Monsieur le Chancelier, les assurances de notre haute considération.

Signé : MAUCLÈRE.
BEMELMANS.
D'AMELIO.
LEITH ROSS.

NOTE N° 1

COMITÉ DES GARANTIES.

—

Berlin, le 28 juin 1921.

Le Comité des Garanties
à Monsieur le Chancelier du Reich,
Dr Wirth (Berlin).

Dispositions générales, nature des garanties. — Dispositions spéciales à l'année 1921-1922

Le Comité des Garanties a examiné attentivement les observations et les propositions qui lui ont été communiquées, soit oralement, soit par écrit, par les Représentants du Gouvernement allemand, relativement à l'exécution de l'Etat des payements.

Le Comité apprécie, à leur juste valeur, les arguments qui lui ont été fournis en vue de substituer aux fonds explicitement indiqués aux § *a*) et *b*) de l'Article 7 de l'Etat des payements certaines autres ressources, mais, s'il est disposé à en tenir compte et même à entrer, jusqu'à un certain point, et sous certaines réserves, dans la voie indiquée par le Gouvernement allemand, comme celui-ci pourra le constater d'après les notes traitant spécialement certaines des questions soulevées qui lui parviendront en même temps que la présente, il ne croit pas pouvoir admettre d'ores et déjà cette substitution, et notamment, accepter en garantie, dès aujourd'hui, des ressources qui n'existent encore qu'à l'état de projet.

Le Comité estime nécessaire pour le moment de faire reposer l'exécution de l'Etat des payements, tout d'abord sur les ressources spécifiées aux alinéas *a*) et *b*) de l'article 7 visé ci-dessus, et par suite, il n'est besoin d'envisager les ressources proposées par le Gouvernement allemand que dans la mesure où les premières ne suffiraient pas seules à garantir la totalité des obligations allemandes.

On a envisagé, séparément, dans la présente lettre :

A. — Les engagements de l'Allemagne, tels qu'ils se présentent pour l'année 1921-1922;

B. — Les engagements de l'Allemagne, tels qu'ils se présenteront dans le cours des années à venir.

Cette distinction est due à ce fait qu'au cours de la première année, un versement de 1 milliard sur l'annuité fixe est assuré par des moyens spéciaux, et que le premier versement de l'annuité variable n'aura lieu que le 15 novembre 1921. Mais, dans les deux cas, les évaluations doivent être basées sur une série d'hypothèses.

Les engagements spécifiés par l'article 4 de l'Etat des payements comportent : *a*) des payements trimestriels *fixes* de 500 millions de mark-or chacun, et *b*) des payements trimestriels *variables* correspondant à 26 o/o de la valeur des exportations allemandes. Le Comité prépare une organisation devant lui permettre de s'assurer, dans le plus bref délai possible, du montant des exportations allemandes; mais, provisoirement et sous réserve de toutes rectifications qu'il pourrait ultérieurement juger nécessaires, il consent à prendre pour base du calcul des exportations les estimations du Gouvernement allemand pour l'année écoulée, c'est-à-dire à admettre l'hypothèse que la valeur totale des exportations allemandes sera de 5 milliards de mark-or. Dans ce cas, l'annuité variable s'élèverait à 325 millions de mark-or par trimestre.

En outre, le Comité admet, provisoirement et sous réserves, l'estimation à laquelle a abouti une discussion avec les représentants du Gouvernement allemand et suivant laquelle la valeur des livraisons en nature pour l'année courante s'élèverait approximativement à 1 milliard 200 000 000 mark-or.

Etant donné qu'une législation conforme au *Reparation Recovery Act* n'est actuellement appliquée que dans le Royaume-Uni, le Comité ne peut accepter le chiffre de 260 millions de mark-or proposé par le Gouvernement allemand comme représentant les recettes faites à ce titre, mais il est disposé, provisoirement, à estimer ces recettes à 150 millions de mark-or.

Le Comité est également disposé à admettre, dans les mêmes conditions, l'estimation de 200 millions de mark-or comme rendement probable des revenus des douanes.

Enfin, le prélèvement de 25 o/o sur la valeur des exportations spécifié par l'article 7 produirait, sur la base admise plus haut pour les exportations, une somme de 1 250 000 000 de mark-or par an, *moins* le rendement du *Reparation Recovery Act*, c'est-à-dire 1 100 000 000 de mark-or par an, ou 275 millions de mark-or par trimestre.

A. — Année 1921-1922

Pour l'année courante, les obligations prescrites par l'Etat des payements sont : *a*) les 4 payements de 500 millions de mark-or, et *b*) les 2 payements trimestriels de l'annuité variable à échéance du 15 novembre 1921 et 15 février 1922 et estimés, comme on l'a vu plus haut, à 325 millions de mark-or chacun. Le total des obligations pour l'année se terminant le 30 avril 1922 s'élèvera donc à 2 650 000 000 de mark-or.

Sur ces obligations :

a) 1 000 millions de mark-or seront recouvrés au moyen des payements à effectuer en exécution de l'article 5 de l'Etat des payements.

b) 1 200 millions de mark-or seront, dans l'hypothèse faite ci-dessus, recouvrés au moyen de livraisons en nature.

c) On peut obtenir 150 millions de mark-or au moyen du *Reparation Recovery Act*.

C'est-à-dire qu'on peut considérer provisoirement un total de 2 350 millions de mark-or comme déjà couvert, et il y a seulement lieu de couvrir le solde de 300 millions de mark-or au moyen des ressources spécifiées à l'article 7.

En conséquence, le Comité estime que, conformément aux propositions indiquées dans les notes visées ci-dessus, le versement des droits de douane au Comité des Garanties devra commencer le 15 novembre, et le prélèvement de 25 o/o sur les exportations le 15 décembre 1921. Il prie donc le Gouvernement allemand de prendre toutes les dispositions nécessaires à cet effet.

Ainsi, sous réserve que les évaluations faites ci-dessus se trouveront exactes, il ne sera probablement pas besoin de faire appel, au cours de l'année 1921-1922, à d'autres ressources que celles qui sont explicitement indiquées par l'article 7 de l'Etat des payements.

B. — Années a venir

Mais le Comité des Garanties tient à faire remarquer que cette situation résulte des conditions spéciales dans lesquelles l'Allemagne doit s'acquitter de sa dette au cours de la première année. Il n'en sera plus de même au cours des années à venir, et, pour cette raison, il convient de préciser dès maintenant les conditions dans lesquelles le Comité des Garanties compte faire appel aux ressources qui lui ont été proposées par le Gouvernement allemand.

Sans doute est-il impossible actuellement d'évaluer avec exactitude le montant des sommes dues par l'Allemagne au cours d'une des prochaines années. Mais, pour reprendre, à titre d'exemple, et avec toutes les réserves qu'elles comportent, les évaluations faites par le Gouvernement allemand pour l'année 1921-1922, la situation des comptes pour une année semblable se présenterait comme suit :

Le total des engagements de l'Allemagne en millions de mark-or se décomposerait de la façon suivante :

Annuité fixe.	2 000	
Annuité variable.	1 300	
Total		3 300

sur lesquels seraient couverts par :

Livraisons en nature	1 200	
Réparation (Recovery et prélèvement de 25 o/o sur les exportations . . .	1 250	
Recettes des douanes.	200	
Total		2 650
qui laisserait un déficit de		650

Ce déficit de 650 millions de mark-or devrait être couvert par de nouvelles ressources assignées en garantie, autres que celles qui sont spécifiées à l'article 7, alinéas *a*) et *b*) de l'Etat des payements.

Or, les ressources proposées par le Gouvernement allemand, savoir :

Impôt sur les dividendes et intérêts,
Taxe sur le sucre,
Taxe sur le tabac,
Monopole des alcools,
Taxe sur le charbon,
Impôt sur le chiffre d'affaires (Umsatzsteuer),

donneraient, d'après les évaluations mêmes du Gouvernement allemand, une somme de 1 666 millions de mark-or, évaluations que le Comité des Garanties estime raisonnable de réduire à 1 300 millions de mark-or.

Les sommes dues par l'Allemagne et devant être garanties ne s'élèveraient donc approximativement qu'à la moitié des ressources proposées par le Gouvernement allemand. Le Comité des Garanties serait prêt à accepter, pour ce solde, le payement de l'équivalent en devises étrangères de 50 o/o du produit des impôts ci-dessus indiqués, le reste étant provisoirement laissé à la disposition du Gouvernement allemand.

Il serait bien entendu que, dans le cas où le produit de ces taxes se révèlerait insuffisant pour que les 50 o/o puissent constituer la somme envisagée, ou dans le cas où les autres ressources sur lesquelles le Comité a basé son évaluation du montant qu'il y a lieu de couvrir par l'assignation de certains revenus en garantie, se montreraient insuffisantes, le Comité se réserve expressément le droit d'obtenir, à n'importe quel moment, sur simple demande adressée au Gouvernement allemand, le payement d'un pourcentage plus élevé du produit des impôts assignés en garantie, de façon à couvrir le déficit.

D'autre part, si le produit de ces impôts dépasse le montant demandé par le Comité en garantie, celui-ci sera prêt à réduire le pourcentage qui doit lui être payé.

Les dispositions qu'il y aura lieu de prendre pour le payement au Comité, des fonds assignés en garantie seront donc, à titre provisoire, les suivantes :

a) A partir du 15 novembre 1921, le Comité devra recevoir le produit des droits de douane;

b) A partir du 15 décembre, il recevra le produit du prélèvement de 25 o/o sur les exportations, de la façon indiquée dans les notes jointes à la présente qui traitent de ces ressources spéciales;

c) A partir du 1er mai 1922, le Comité recevra en plus 50 o/o, ou tout autre pourcentage, qu'il pourra fixer par la suite, du produit des ressources supplémentaires proposées en garantie par le Gouvernement allemand et acceptées par le Comité. Cependant, le Comité se réserve le droit de demander que ces payements soient effectués à une date plus rapprochée, s'il est nécessaire.

De plus, le Comité doit ajouter que les droits conférés à la Commission des Réparations par l'article 248 du Traité de Versailles, dont l'exécution a été confiée au Comité, restent intacts, et que l'affectation spéciale de certaines taxes au service des obligations ne doit pas être interprétée comme impliquant une limitation du privilège général prévu par ledit article 248, en vertu duquel le service des obligations, tel qu'il est envisagé par l'Etat des payements, doit, en toutes circonstances, être assuré par le Gouvernement allemand qui est tenu, le cas échéant, de parfaire la somme nécessaire à ce service au moyen de ses ressources générales, si le produit des taxes affectées à la garantie se montrait insuffisant.

*
* *

Le Comité des Garanties reconnaît, comme le Gouvernement allemand le lui a signalé, toute l'importance que présente la stabilisation du change au regard de l'exécution de ces obligations envers les Alliés.

En dehors des conditions économiques susceptibles d'amener une amélioration de la situation actuelle, il est un double facteur de stabilisation du mark qui dépend avant tout du Gouvernement allemand, c'est l'équilibre du budget et la cessation de l'émission à découvert des billets de banque. La stabilisation ne sera pas possible, tant que le Gouvernement allemand n'aura pas réalisé l'équilibre budgétaire, tant par la compression rigoureuse de ses dépenses que par l'augmentation de ses ressources normales.

Le Comité des Garanties ne méconnaît pas les difficultés en présence desquelles se trouve le Gouvernement allemand, mais il estime que la situation budgétaire exige une réforme plus radicale encore que les projets dont il a eu communication. C'est au Gouvernement allemand qu'il appartient de trouver les moyens de la réaliser, mais il paraît évident que les dispositions décrites ci-dessus devraient être modifiées si un programme de réforme, en rapport avec la gravité de la situation, n'était pas exécuté.

*
* *

En résumé, le Comité des Garanties déclare formellement qu'il ne pourra accepter la substitution d'autres ressources aux fonds spécifiés aux paragraphes *a* et *b* de l'article 7 de l'Etat des payements que lorsqu'il aura été définitivement établi que les impôts qui lui sont offerts en garantie par le Gouvernement allemand produiront les sommes nécessaires au service des annuités.

Le Comité requiert donc le Gouvernement allemand de prendre les mesures nécessaires pour que les garanties envisagées aux paragraphes *a* et *b* de l'article 7 fonctionnent aux dates qui ont été, à titre provisoire, indiquées ci-dessus.

Cependant, le Comité des Garanties est dès maintenant prêt à aider le Gouvernement allemand dans l'accomplissement de sa tâche en lui donnant certaines facilités qui seront spécifiées dans les notes en date de ce jour auxquelles il est fait allusion dans la première partie de la présente lettre.

Signé : MAUCLÈRE.
BEMELMANS.
D'AMELIO.
LEITH ROSS.

NOTE N° 2

Interprétation du mot « Exportations » (1) et remplacement éventuel de l'indice « Exportations »

COMITÉ DES GARANTIES.

—

Berlin, 28 juin 1921.

Le Comité des Garanties
à Monsieur le Chancelier du Reich,
Dr Wirth (Berlin).

Le Comité des Garanties a prêté la plus sérieuse attention aux observations que le Gouvernement allemand

(1) Le 23 août 1921, la Commission des Réparations a, par la lettre ci-dessous, interprété le mot « exportations » employé à l'article 4 de l'État des payements.

« Par sa lettre du 25 mai 1921, la K. L. K. a demandé à la C. R. de bien vouloir interpréter le mot « exportations » employé à l'article 4 de l'État des payements. Dans sa séance du 14 juin 1921, la C. R. a chargé le Comité des Garanties de profiter de son séjour à Berlin pour connaître sur ce point les vues et les objections du Gouvernement allemand, de manière à permettre à la C. R. de se prononcer sur la question après avoir pris connaissance de toutes les données utiles.

« Par sa lettre du 21 juillet 1921, le Comité des Garanties a adressé à la C. R. un rapport relatant les observations présentées sur ce sujet par le Gouvernement allemand et dès lors se pose aujourd'hui, pour la C. R. la question de savoir s'il faut donner au mot « exportations » de l'article 4 de l'État a présentées au sujet de l'article 4 de l'Etat des payements du 5 mai 1921. Ces observations se groupent sous deux chefs distincts : les unes concernent l'interprétation à donner au mot « exportations » qui figure à l'ar-

des payements la définition du commerce effectif (Gesamteigenhandel) que donnaient les Allemands dans leurs statistiques antérieures et postérieures à la guerre, soit en 1913 et en 1920, ou s'il convient de lui donner un sens plus restreint fondé principalement sur la mesure dans laquelle une exportation peut être considérée comme un enrichissement pour le pays exportateur.

« La différence est importante, puisque si l'on adopte la seconde définition au lieu de la première le chiffre de 10 892 millions de mark-or indiqué par le Gouvernement allemand dans ses statistiques pour ses exportations de 1913 serait ramené à 7 466 millions de mark-or et devrait fatalement subir une réduction plus étendue encore par l'application logique des principes qui auraient fondé la seconde définition.

« La C. R., sans méconnaître que toutes les exportations de l'Allemagne ne sont pas pour elle une cause d'enrichissement, ni surtout, une source d'enrichissement de 26 o/o, ne croit pas pouvoir donner au mot « exportations » une signification autre que celle que le Gouvernement allemand lui-même donnait dans ses statistiques et ce pour les raisons suivantes :

« 1° En arrêtant son État de payements, le 5 mai 1921, la C. R. a eu en vue de régler les modalités de l'apurement par l'Allemagne de sa Dette de réparations. Elle a voulu régler l'émission de partie de ces obligations représentatives de cette dette d'après les données d'un indice qu'elle a choisi. En adoptant cet indice, elle a pris pour base les chiffres des statistiques allemandes, chiffres dont elle a escompté le développement à la faveur de la majoration des prix et de la renaissance de l'industrie allemande. Ce serait fausser ces chiffres de base et l'indice lui-même que de donner aujourd'hui au mot « exportations » une signification autre que celle qui a servi aux calculs ayant déterminé le choix de l'indice au moment de son adoption, et ce serait, par une réduction de l'annuité ticle précité; les autres se rapportent au choix qui a été fait des exportations comme indice, en vue de fixer les payements à effectuer par l'Allemagne.

*
* *

I. L'Article 4 de l'Etat des payements dispose que l'Allemagne payera chaque année, outre une somme fixe de 2 milliards, une somme que la Commission des Réparations déterminera, comme étant l'équivalent de 26 o/o de la valeur des exportations allemandes pendant chaque période de douze mois à partir du 1er mai 1921.

variable qui en serait la conséquence, reporter à des temps indéfinis le service de la totalité de la Dette et, par conséquent, l'apurement de celle-ci.

« 2° Les objections formulées contre cette interprétation procèdent d'une fausse conception de l'idée maîtresse de l'Etat des payements. La C. R. n'a pas entendu que la Dette de réparations serait payée seulement à l'aide des bénéfices que l'industrie allemande pourrait retirer de ses exportations. Cette notion erronée procède d'une confusion entre l'Article 4 qui adopte un indice et l'Article 7 qui impose une garantie par un prélèvement sur les exportations. L'Etat des payements a, par un corollaire nécessaire, imposé au Gouvernement allemand le remboursement de ce prélèvement aux exportateurs.

« Sans doute, on peut soutenir que l'indice ainsi défini aboutit à une antinomie d'intérêts entre les exportateurs et la masse des contribuables allemands, ceux-ci ayant intérêt à réduire l'annuité variable et à retarder l'apurement de la Dette de Réparations, ceux-là, au contraire, ayant intérêt à développer leurs affaires pour accroître leurs bénéfices.

« Mais ce sont là des inconvénients qui peuvent inciter le Gouvernement allemand à étudier et à proposer de nouveaux indices ou à formuler d'autres projets d'apurement de la Dette, mais ils ne peuvent pas avoir pour effet d'amener la C. R. à fausser l'indice qui a servi de base à ses calculs et à ses prévisions économiques. »

Le Gouvernement allemand a demandé quelle signification il fallait attribuer au mot « exportations », la valeur de ces exportations devant servir de base aux versements variables qu'il doit effectuer chaque année.

Le Gouvernement allemand a déclaré, tout d'abord, qu'à son avis, il ne fallait prendre pour base dans l'évaluation des exportations ni les chiffres figurant au commerce général, ni ceux du commerce effectif (Gesamteigenhandel). Il demande donc à exclure des exportations, pour le calcul des payements, d'une part les marchandises passant par l'Allemagne en transit direct, d'autre part les marchandises passant par l'Allemagne en transit indirect, c'est-à-dire les marchandises étrangères entreposées en douane en Allemagne et ensuite réexportées sous le contrôle de la douane, et les marchandises qui sortent d'Allemagne pour être transformées à l'étranger et être ensuite réimportées en Allemagne.

Le Gouvernement allemand, pour qui le commerce spécial doit ainsi seul entrer en ligne de compte, demande ensuite à éliminer de ce dernier un certain nombre de postes :

1° La réexportation de marchandises importées (notamment des matières premières) qui sont réexportées par le commerce libre sans avoir été transformées et sans avoir été placées sous le contrôle douanier. Le Gouvernement allemand déclare avoir présenté au début de l'année 1921 un projet de loi qui doit établir la distinction entre ces marchandises et les autres;

2° Le trafic de finissage (Veredelungsverkehr) : il semble résulter des observations présentées par le Gouvernement allemand, tant à propos du choix des exportations comme indice, qu'au sujet de l'interprétation du terme « exportations », que le Gouvernement allemand demande l'exclusion du trafic de finissage entendu dans sa signification la plus large, aussi bien dans le sens économique que dans le sens technique qui lui est donné par la législation douanière allemande, qu'il soit effectué pour le compte d'un Allemand ou pour le compte d'un étranger, qu'il consiste en une transformation légère ou en une transformation profonde des matières premières ou des produits semi-ouvrés importés en Allemagne en vue d'une réexportation. Le Gouvernement allemand paraît en effet indiquer qu'il conviendrait de ne pas comprendre dans les exportations, en vue du calcul de l'annuité variable à payer par l'Allemagne, les matières premières importées de l'étranger, dès lors qu'elles doivent être exportées d'Allemagne, soit brutes, soit transformées, soit sous forme de produits ouvrés; ou tout au moins qu'il faudrait pouvoir retrancher de la somme des exportations la somme afférente aux matières premières.

D'autre part, en ce qui concerne le trafic des zones frontières, tels que les échanges de charbon entre la Hollande et l'Allemagne, les exportations de charbon allemand en Tchéco-Slovaquie compensées par des importations de charbon anglais, les exportations de céréales de Prusse orientale compensées par des importations de céréales provenant de l'Ouest, les exportations de bois du pays de Bade compensées par des importations de bois de Lithuanie, le Gouvernement allemand demande que la Commission des Réparations ne tienne compte que de l'excédent des exportations sur les importations.

Enfin, le Gouvernement allemand demande que la Commission des Réparations, dans l'évaluation des exportations, pour l'application de l'article 4 de l'Etat des payements, en exclue les livraisons en nature réclamées par les Puissances alliées au titre des réparations, que le prix en soit ou non fixé par la Commission des Réparations.

Sur tous ces points, le Comité des Garanties, tout en prenant bonne note des observations présentées par le Gouvernement allemand, doit faire remarquer à ce dernier qu'ils ne sont point de sa compétence et que la décision à leur égard appartient, suivant les dispositions de l'article 4 de l'Etat des Payements, à la Commission des Réparations; le Comité des Garanties ne pourra donc que remettre un rapport à celle-ci sur les questions soulevées au sujet du terme « exportations » par le Gouvernement allemand.

II. Il en est de même en ce qui concerne le choix des exportations comme indice en vue de fixer les payements à effectuer par l'Allemagne.

Le Gouvernement allemand a exposé que l'adoption d'un tel indice entraînerait, selon lui, par voie de conséquence, une réduction de l'importation de marchandises étrangères, un trouble dans la répartition internationale du travail, qui risquerait d'amener l'Allemagne à se détacher de la vie économique mondiale pour revenir à un système d'économie fermée (Eigenwirtschaft); enfin, une diminution du crédit de l'Allemagne qui nuirait aux intérêts des Puissances alliées elles-mêmes.

Le Comité des Garanties apprécie tout l'intérêt que présentent les observations du Gouvernement allemand au sujet des exportations considérées comme indice. Mais, ainsi qu'il est dit plus haut, la question du choix de l'indice n'est pas de sa compétence; il ne pourrait donc sur ce point, comme sur l'interprétation à donner au terme « exportations » que remettre un rapport à la

Commission des Réparations de qui la décision dépend. De plus, le Comité croit devoir faire remarquer au Gouvernement allemand que, suivant les dispositions de l'article 4 de l'Etat des Payements, c'est à l'Allemagne et non point même à la Commission des Réparations qu'il appartient de proposer un indice autre que les exportations pour déterminer la somme variable à payer annuellement par le Gouvernement allemand.

Le Comité des Garanties croit avoir résumé avec exactitude les observations présentées par le Gouvernement allemand sur l'interprétation du mot « exportations » qui figure à l'article 4 de l'Etat des Payements et le remplacement éventuel de l'indice « exportations » prévu par le même article. Si le Gouvernement allemand n'était pas d'accord sur la signification ainsi donnée à ses observations, le Comité des Garanties prie le Gouvernement allemand de bien vouloir le faire connaître à la Commission des Réparations.

Signé : MAUCLÈRE.
BEMELMANS.
D'AMELIO.
LEITH ROSS.

NOTE N° 3

Prélèvement sur les exportations

COMITÉ DES GARANTIES.

—

Berlin, le 28 juin 1921.

Le Comité des Garanties
à Monsieur le Chancelier du Reich,
Dr Wirth (Berlin).

Le Gouvernement allemand a exposé au Comité des Garanties les difficultés économiques et politiques qui pourraient résulter d'un prélèvement direct de 25 o/o sur la valeur des exportations de l'Allemagne.

Le Comité apprécie l'intérêt que présentent les observations du Gouvernement allemand. Il doit toutefois faire observer que le prélèvement n'a aucunement été proposé dans l'Etat des payements, comme un impôt, mais seulement comme un moyen pour le Gouvernement allemand de se procurer les devises étrangères nécessaires.

Le Comité des Garanties accéderait volontiers au désir du Gouvernement allemand en acceptant d'autres ressources, si ces ressources pouvaient lui garantir les sommes nécessaires en devises étrangères, mais il n'a encore eu communication d'aucun plan qui remplisse cette condition. Dans ces circonstances, il ne croit pas pouvoir renoncer au prélèvement sur les exportations envisagé par l'Article 7 de l'Etat des Payements et il est obligé de requérir le Gouvernement allemand de préparer avec le plus grand soin les mesures qui seront nécessaires pour la mise en œuvre de ce prélèvement.

Néanmoins, le Comité accepte de différer provisoirement la mise en fonctionnement de ce système sous la réserve formulée *in fine* et moyennant les garanties exposées ci-après :

Le Comité déterminera, pour chaque trimestre à venir, au début de l'avant-dernier mois qui le précédera, et d'après la valeur des exportations de l'avant-dernier trimestre, la somme que représentent en devises étrangères les 25 centièmes de cette valeur, déduction faite des prélèvements qui auront été effectués au cours de ce trimestre dans les pays importateurs, en vertu de la législation visée à l'article 9 de l'Etat des payements. Le Gouvernement allemand versera d'avance cette somme, par tiers, de la façon suivante : le premier tiers, deux mois avant, le second tiers, un mois avant, et le solde au jour de l'échéance trimestrielle fixée par l'Etat des payements.

Par exemple, les versements afférents au trimestre venant à échéance le 15 novembre d'une année quelconque, seront calculés, comme il a été dit plus haut, sur la base de l'ensemble du trimestre mai-juin-juillet de la même année; le premier versement de la somme à payer sera fait par le Gouvernement allemand au plus tard le 15 septembre, le deuxième versement, le 15 octobre, et le troisième le 15 novembre.

En ce qui concerne l'année courante, le Comité est, pour le moment, prêt à admettre que la valeur des livraisons en nature effectuées depuis le 1er mai dernier sera suffisante pour couvrir le payement venant à échéance le 15 novembre prochain, de sorte que les dispositions ci-dessus ne s'appliqueront, en premier lieu, qu'au payement venant à échéance le 15 février prochain, dont la première portion est payable le 15 décembre.

Le Comité des Garanties se réserve expressément le droit de faire mettre en vigueur à tout moment un régime de prélèvement direct, notamment dans le cas où un de ces versements ne serait pas effectué à la date fixée; le Gouvernement allemand devra, de son côté, s'engager formellement à déférer sans délai à l'invitation qui lui sera adressée. A cet effet, le Comité des Garanties déclare, en outre, que la décision ci-dessus ne dispense pas le Gouvernement allemand de notifier au Comité des Garanties, conformément à l'alinéa 8 de l'article 7, tout projet dont la mise en application aurait pour effet de diminuer le rendement du prélèvement de 25 o/o si celui-ci était réellement effectué.

Signé : MAUCLÈRE.
BEMELMANS.
D'AMELIO.
LEITH ROSS.

NOTE N° 4

Douanes

COMITÉ DES GARANTIES

—

Berlin, le 28 juin 1921.

Le Comité des Garanties
à Monsieur le Chancelier du Reich,
Dr Wirth (Berlin).

Le Gouvernement allemand a exposé au Comité des Garanties la difficulté qu'entraînerait pour lui, à une époque de remaniements de tarifs douaniers, l'affectation des recettes des douanes (droits d'importation et d'exportation) à la garantie de l'exécution de l'Etat des payements du 5 mai 1921.

Cette difficulté résulterait des dispositions de l'alinéa 8 de l'article 7 de l'Etat des payements, qui obligent le Gouvernement allemand à notifier au Comité des Garanties tout projet susceptible de diminuer le produit des ressources affectées et au cas où, en raison d'un semblable projet, le Comité le réclamerait, à y substituer d'autres ressources agréées par le Comité.

Aussi, le Gouvernement allemand demande-t-il au Comité des Garanties l'autorisation de remplacer le produit des douanes par d'autres ressources, conformément au dernier membre de phrase de l'alinéa c de l'article 7 de l'Etat des payements.

Le Comité reconnaît la valeur des observations présentées par le Gouvernement allemand et il est disposé à prendre des mesures pour éviter que les inconvénients signalés puissent se produire, mais il ne lui apparaît pas qu'il soit nécessaire, pour atteindre le but visé, de renoncer à affecter le produit des douanes à la garantie des obligations.

En conséquence, afin de laisser au Gouvernement allemand la liberté d'action qu'il demande pour sa politique douanière, le Comité, tout en maintenant l'affectation des recettes des douanes en garantie des obligations, renonce provisoirement à se prévaloir de l'alinéa 8 précité pour obtenir la communication préalable des projets intéressant la politique douanière de l'Allemagne. L'obligation du Gouvernement allemand se limitera à faire connaître au Comité des Garanties les dispositons telles qu'il les aura prises.

Cet arrangement continuera d'être en vigueur jusqu'au 1er mai 1921, sauf notification contraire, et pourra être renouvelé à partir de cette date sur demande du Gouvernemnt allemand, mais le Comité des Garanties se réserve le droit d'y mettre fin à tout moment s'il estime nécessaire de le faire.

Sous réserve de cet arrangement qui permettra au Gouvernement allemand de conserver sa liberté d'action, les recettes douanières constitueront l'une des ressources affectées au service des obligations; leur versement commencera à partir du 15 novembre prochain et sera effectué mensuellement en monnaies étrangères dans des banques que le Comité des Garanties désignera ultérieurement et où elles resteront bloquées jusqu'à la date des échéances prévues par l'article 4 de l'Etat des payements.

Signé : MAUCLÈRE.
BEMELMANS.
D'AMELIO.
LEITH ROSS.

NOTE N° 5

Organisation du contrôle

COMITÉ DES GARANTIES

—

Berlin, 28 juin 1921.

Le Comité des Garanties
à Monsieur le Chancelier du Reich,
Dr Wirth (Berlin).

L'article 7 de l'Etat des payements dispose que le Comité des Garanties sera chargé de vérifier et, s'il est nécessaire, de rectifier le montant déclaré par le Gouvernement allemand comme valeur des exportations allemandes, en vue du calcul de l'annuité prévue par l'article 4, paragraphe 2.

Il dispose en outre que le Comité vérifiera et rectifiera, au besoin, le montant des ressources affectées au Service des obligations par ledit article 7.

Il est du devoir du Comité des Garanties de prendre les mesures qui lui permettront de procéder aux vérifications et aux rectifications éventuelles dont il est question.

Le Comité des Garanties a décidé, à cet effet, de créer à Berlin un organisme permanent, « la délégation du Comité des Garanties à Berlin » qui sera accrédité auprès du Gouvernement allemand et dont le statut et l'organisme seront notifiés ultérieurement. Cet organisme aura délégation du Comité pour exercer ses pouvoirs de vérification et de contrôle auprès des administrations allemandes.

Entre autres attributions, il aura les suivantes :

1° *En ce qui concerne la vérification des exportations,* un de ses fonctionnaires sera délégué à titre permanent auprès des Services allemands compétents. Ce fonctionnaire aura pour mission d'étudier les méthodes suivies dans l'établissement de la statistique commerciale, d'en vérifier l'application ainsi que les résultats et de faire rapport à ce sujet au Comité.

Un certain nombre d'inspecteurs ambulants, placés sous son autorité, seront chargés de visiter tous les bureaux des services de l'Administration des douanes pour vérifier, notamment, la façon dont sont faites les déclarations de sortie et la régularité de leur envoi à Berlin.

Le Gouvernement allemand est prié de réunir trimestriellement le Handelstatistischer Beirat, afin d'obtenir son avis sur l'évaluation des exportations constatées pendant le trimestre écoulé. Les représentants du Comité des Garanties assisteront à ces réunions.

2° *En ce qui concerne les recettes de douane,* et d'une façon générale les ressources affectées en garantie au Service des obligations, un autre fonctionnaire dépendant de la Délégation du Comité à Berlin sera délégué auprès du Reichsfinanzministerium pour se tenir en contact avec l'Administration générale des finances. Il devra obtenir communication de tous les documents (instructions, circulaires, etc.), relatifs à l'assiette et au recouvrement des impôts. Il aura pouvoir, notamment, de se faire communiquer les documents au moyen desquels sont établis les états mensuels qui rendent compte de la rentrée des impôts, en tant qu'il s'agit d'impôts affectés en garantie au Service des obligations. Il sera assisté d'un certain nombre de fonctionnaires qui auront pouvoir de se rendre auprès des agents régionaux et locaux dépendant de l'Administration des finances, et de se faire présenter leur comptabilité.

3° *En ce qui concerne le contrôle du prélèvement de 25 0/0*, le Comité des Garanties ne peut qu'attendre les propositions du Gouvernement allemand concernant l'organisation de ce prélèvement.

Les fonctionnaires du Comité des Garanties auront le droit de réclamer, des agents allemands, tous les renseignements qui leur seront nécessaires, de se faire présenter tous livres, registres et documents de l'Administration, de se faire ouvrir tous locaux administratifs, de se faire donner toutes facilités afin de prendre une connaissance entière de toutes les parties du Service qu'ils ont pour mission de contrôler.

Ils ne seront autorisés, à aucun moment, soit à donner des ordres, soit à se substituer aux agents allemands.

Les fonctionnaires du Comité des Garanties qui seront chargés d'une mission quelconque de contrôle seront tenus au secret professionnel et passibles, en cas de manquement, des peines disciplinaires prévues par les statuts des fonctionnaires du Comité des Garanties.

Le Gouvernement allemand délivrera aux membres et fonctionnaires de la Délégation du Comité à Berlin, pour lesquels celui-ci lui en fera la demande, des lettres de mission sur les termes desquels il s'entendra avec le Président de cette Délégation.

Le Gouvernement allemand prendra également toutes les mesures nécessaires pour faciliter la tâche des délégués et fonctionnaires du Comité, et s'efforcera, par tous les moyens en son pouvoir, d'aider ceux-ci dans leurs relations avec les Administrations allemandes.

Le Comité des Garanties sera reconnaissant au Gouvernement allemand de lui faire connaître le plus rapidement possible son accord sur l'organisation envisagée ci-dessus.

Signé : MAUCLÈRE.
BEMELMANS.
D'AMELIO.
LEITH ROSS.

III

RAPPORT DU COMITÉ DES GARANTIES

RELATIF A SON SECOND VOYAGE A BERLIN (SEPTEMBRE-OCTOBRE 1921)

Le Comité des Garanties, en se rendant pour la seconde fois à Berlin, se proposait principalement de s'assurer des conditions dans lesquelles les prochaines échéances seraient couvertes par l'application du système des garanties établi par sa note du 28 juin.

Après avoir considéré que les deux premières échéances trimestrielles de l'annuité fixe seraient couvertes par le payement de 1 milliard de mark-or prescrit par l'Article 5 de l'État des Payements, le Comité des Garanties avait estimé, lors de sa première session à Berlin, que la première échéance de l'annuité variable du 15 novembre 1921, évaluée alors à 325 millions, serait largement couverte par les prestations en nature faites par l'Allemagne depuis le 1er mai 1921 et qu'il y aurait même, après le payement de cette échéance, une avance suffisante pour qu'il ne fût pas nécessaire de réclamer avant le 15 décembre aucun versement en garantie.

Les prévisions du Comité reposaient sur l'hypothèse alors vraisemblable que les fournitures en nature s'élèveraient à 100 millions de mark-or par mois et le produit du *Reparation Recovery Act* à 12 500 000 mark-or.

Voici comment s'établissait la situation de l'échéance du 15 novembre de 325 millions (annuité variable) et de l'échéance du 15 janvier de 500 millions (annuité fixe).

Échéance du 15 novembre

		Millions de mark-or.
A. Dette de l'Allemagne.		325
B. Payements allemands :		
1° Prestations en nature du 1er mai au 1er novembre (6 mois à 100 millions)	600	
2° Reparation Recovery Act $\left(6 \text{ mois} = \frac{150}{2}.\right)$	75	
Total des payements.		675
Excédent des payements sur l'échéance.		350

Ainsi, après le règlement de l'échéance du 15 novembre, le Comité aurait disposé encore d'une avance de 350 millions disponibles pour l'échéance suivante du 15 janvier.

Échéance du 15 janvier

			Millions de mark-or.
A. Dette de l'Allemagne			500
B. Payements allemands :			
1° Excédent de l'échéance du 15 novembre à reporter		350	
2° Prestations en nature du 1er novembre au 1er janvier (2 mois)		200	
3° Reparation Recovery Act $\frac{150 \times 2}{12}$		25	
4° Fonds de garantie :			
a) Douanes : versement au 15 décembre	16,6		
b) Prélèvement sur les exportations au 15 décembre	91,6		
		108,2	
Somme totale disponible au 15 janvier			683,2
Excédent des payements sur l'échéance			183,2

Ce tableau montre que l'échéance du 15 janvier devait être plus que couverte et que l'Allemagne n'aurait eu à verser en espèces pour y satisfaire qu'une somme de 108 200 000 mark-or qui, au cours d'alors de 14 mark-papier pour 1 mark-or, aurait équivalu à 1 514 800 000 mark-papier. Ni en ce qui touche la somme en mark-papier à prélever sur les ressources générales de la trésorerie, ni en ce qui concerne la quantité de devises étrangères à acquérir, l'effort n'était excessif.

Aujourd'hui, la situation est toute différente :

D'une part, l'échéance du 15 novembre, par suite

d'une diminution des exportations, se trouvera probablement réduite à une somme de 275 millions.

Mais, d'autre part, les prestations en nature faites par l'Allemagne du 1er mai au 15 novembre seront tout juste suffisantes pour couvrir cette échéance et, par suite, l'excédent de produit de 350 millions disparaît.

La situation de l'échéance du 15 janvier paraît devoir s'établir comme suit :

		Millions Mark-or.
A. Dette de l'Allemagne		500,0
B. Payements allemands :		
1° Prestations en nature (1er novembre au 1er janvier)	83,4	
2° Reparation Recovery Act : $\frac{50 \times 2}{12}$ = .	8,3	
Total	91,7	91,7
Reste à payer en espèces		408,3

Ainsi, le Gouvernement allemand devrait se procurer en espèces, d'ici au 15 janvier 1922, c'est-à-dire en l'espace de trois mois, pour assurer le règlement de l'échéance de 500 millions, une somme dont l'équivalent en mark-papier serait, au cours 30 mark-papier pour 1 mark-or, 12 250 millions de mark-papier.

D'abord, la somme en mark-papier à fournir par la Trésorerie est devenue considérable en elle-même et surtout par rapport avec le rendement mensuel des impôts disponibles pour le Reich qui n'est guère que de 4 milliards de mark environ.

Puis la quantité de devises étrangères à acquérir est presque quadruplée.

Enfin, cette acquisition est rendue très difficile non seulement par l'importance de la somme, mais aussi et surtout par la situation du marché du mark.

Les Représentants du Gouvernement allemand n'ont pas manqué d'appeler sur ces différents points l'attention du Comité des Garanties, tant au cours de leurs exposés oraux que par les notes écrites qu'ils lui ont remises. Comme conclusion, le Sous-Secrétaire d'Etat Schroeder adressait au Comité, le 3 octobre, une note par laquelle il proposait en substance d'effectuer en mark-papier une partie des versements de garantie exigibles en monnaies étrangères, sauf au Gouvernement allemand à convertir ultérieurement ces mark en devises au fur et à mesure des possibilités.

D'autre part, le Chancelier Dr. Wirth, au cours d'une première entrevue qu'il a eue avec le Comité, a déclaré qu'il avait entamé des pourparlers en vue d'obtenir des groupements industriels allemands un prêt de devises étrangères dont le produit serait affecté, par priorité aux réparations, notamment au payement des premières échéances.

Le Comité, à la suite de cet entretien, écrivit au Gouvernement allemand deux lettres, l'une pour remettre au point les calculs qu'il avait faits au mois de juin et préciser la situation actuelle (Annexe 1); l'autre en réponse à la proposition relative au versement des mark-papier (Annexe 2). Le Comité y indiquait les raisons pour lesquelles il ne lui était pas possible d'accueillir favorablement la proposition du Gouvernement allemand, mais il exprimait le désir d'être reçu de nouveau par le Chancelier avant de prendre une décision définitive sur les mesures à prendre pour faire face à la nouvelle situation.

Le Chancelier ayant réitéré ses promesses, le Comité a adressé au Gouvernement allemand deux nouvelles lettres :

1° La première pour demander au Dr. Wirth la confirmation écrite de ses engagements (Annexe 3);

2° La seconde (Annexe 4) pour informer le Gouvernement allemand qu'eu égard aux pourparlers entamés par lui en vue d'arriver à un règlement satisfaisant des prochaines échéances, le Comité consentait à reculer du 15 novembre jusqu'au 1er décembre la date à laquelle deviendrait exigible le premier versement en devises étrangères correspondant au prélèvement sur les exportations. Le premier versement mensuel en devises étrangères du produit des douanes, devrait être effectué le 15 novembre au plus tard. Le Comité s'est réservé de notifier ultérieurement au Gouvernement allemand les mesures à prendre pour compléter ces versements en vue des prochaines échéances.

La confirmation écrite demandée au Dr. Wirth a été reçue par le Comité.

Le Gouvernement allemand a, d'autre part, répondu comme suit à la seconde lettre du Comité :

« Il sera satisfait à la demande formulée par le Comité des Garanties au sujet du versement en devises étrangères du produit des douanes. En ce qui concerne la demande relative au versement correspondant au prélèvement sur les exportations, le Gouvernement promet d'y satisfaire pour autant qu'il s'agit de versements en mark-papier; au sujet de la conversion en devises étrangères, le Gouvernement allemand donne cependant, en pleine connaissance de la situation, sa promesse de faire tous ses efforts pour respecter le délai du 1er décembre.

Le Comité a considéré qu'il n'était que trop probable que les difficultés rencontrées pour le payement de la prochaine échéance se renouvelleraient pour le payement des prochaines échéances. Aussi a-t-il cru nécessaire de procéder à une étude, aussi approfondie que le lui permettaient ses moyens d'action et ses attributions, de la situation financière actuelle de l'Allemagne.

Les Membres du Comité estimeraient manquer à leur devoir envers la Commission des Réparations s'ils ne portaient pas à la connaissance de celle-ci le résultat de cette étude.

Tous les calculs de conversion dans le présent rapport ont été établis sur la base de 30 mark-papier = 1 mark-or, c'est-à-dire au cours du mark au moment de la première rédaction de ce rapport.

La valeur moyenne mensuelle des exportations pendant le trimestre mai-juillet 1921, y compris les livraisons en nature, peut être évaluée à :

350 millions de mark-or,

dont 26 o/o sont égaux à :

91 millions de mark-or.

En supposant que l'on prenne pour le trimestre suivant les chiffres du trimestre mai-juin-juillet, il en résulte que pour l'année « réparations » 1er mai 1921-1er mai 1922, la somme totale à payer par le Gouvernement allemand serait de :

2 milliards de mark-or, annuité fixe;
0,546 milliards de mark-or, annuité variable égale

à six mensualités de 91 millions de mark-or, soit donc, en chiffres ronds, de : 2,550 milliards de mark-or (1).

C'est sur la base de ce dernier chiffre que la présente note est établie.

On peut prévoir que l'Allemagne procédera au payement de cette somme de la façon suivante :

Versement en espèces au 31 août 1921 . . .	1 milliard.
Valeur des livraisons en nature du 1er mai 1921 au 1er mai 1922	0,5 —
Produit du Recovery Act	0,05 —
Total.	1,55 —

Laissant un solde à payer en espèces de :

1 milliard de mark-or,

correspondant au cours actuel du change de 30 mark-papier, pour 1 mark-or, à :

30 milliards de mark-papier.

Dans la note n° 1 adressée, le 28 juin au Gouvernement allemand, le Comité des Garanties estimait que, vu les livraisons en nature escomptées à cette époque, il suffirait au Gouvernement allemand pour remplir ses obligations entre le 1er mai 1921 et le 1er mai 1922, de payer en espèces, après le 31 août 1921, la somme de :

300 millions de mark-or.

(1) Sur ces chiffres le Représentant de la France fait la réserve suivante : Si la thèse française tendant à comprendre deux trimestres de l'annuité variable au lieu d'un dans le payement à effectuer le 15 novembre 1921 était admise, l'annuité 1921-1922 serait de : 2 825 millions de mark-or au lieu de 2 550 millions.

Au cours du change de cette époque, de 14 mark-papier dans 1 mark-or, ce payement exigeait une dépense de :

4,2 milliards de mark-papier

à comparer au chiffre de 30 milliards ci-dessus.

La situation ainsi établie fait ressortir nettement l'influence de la valeur du mark sur les charges que fait peser sur le Gouvernement allemand l'exécution de l'ultimatum.

Les Membres du Comité des Garanties ont en conséquence jugé nécessaire de procéder à l'étude des différents points ci-dessous et d'en porter le résultat à la connaissance de la Commission des Réparations.

I. Budget allemand 1921-1922.
II. Budget allemand 1922-1923.
III. Montant des devises étrangères nécessaires à la vie économique de l'Allemagne jusqu'au 1er mai 1922.
IV. Méthode utilisée par le Gouvernement allemand pour se procurer les devises étrangères.
V. Balance des comptes en devises étrangères telle qu'elle s'établit dans la situation économique actuelle.

CHAPITRE I

BUDGET ALLEMAND 1921-1922

Le budget allemand, tel qu'il nous a été présenté, est divisé en trois parties :

1° Budget ordinaire, à couvrir par l'impôt.

2° Budget extraordinaire, comprenant le déficit des régies et des dépenses exceptionnelles telles que subsides pour le ravitaillement ou aux populations des territoires transférés.

Comme recettes au budget extraordinaire on indique les rentrées dues aux impôts exceptionnels, etc.

3° Budget des contributions, c'est-à-dire des réparations et en général d'exécution du Traité de paix, pour lequel aucunes recettes, pas même celles qui sont affectées en garanties, ne sont prévues :

1. *Chiffres tels que le Gouvernement allemand les a présentés au Comité des Garanties*

Ces chiffres sont exposés dans l'appendice I (1). Il en résulte que le déficit total pour le budget 1921-1922 est de :

89 milliards de mark-papier.

2. *Chiffres résultant des rectifications envisagées par le Comité*

a) *Recettes.* — Le Comité a étudié la situation actuelle et future du budget de 1921-1922 et il s'est rendu compte que le produit net des quatre premiers mois de l'exercice s'est élevé à 20 078 millions de mark-papier. En se basant sur ce chiffre, le produit net de l'exercice tout entier serait de 60 234 millions de mark-papier, alors que M. Schrœder, le 26 du mois dernier, évaluait ce produit à 51 500 millions de mark-papier. Si l'évaluation du Comité est adoptée, le déficit de 89 milliards de mark-papier ci-dessus serait diminué d'environ 9 milliards.

Il est peu probable que les impôts actuellement pro-

(1) Cet appendice, trop volumineux, n'a pu être reproduit dans la présente publication.

posés au Reichstag (*Voir* Appendice II du présent rapport) (1) soient appliqués au cours de l'exercice 1921-1922. Il se peut que quelques-uns des impôts indirects, s'ils sont votés, commencent à produire au 1er janvier 1922. En ce cas, le déficit visé ci-dessus pourrait être diminué d'environ 2 milliards de mark-papier.

La majoration de la surtaxe ajoutée aux droits de douane (*Voir* Appendice II, § 16) (1) et celle de l'impôt sur les charbons (*Voir* Appendice II, § 12) (1) pourraient encore rapporter environ 822 millions de mark-papier.

Tout en reconnaissant les difficultés politiques en face desquelles se trouve le Gouvernement allemand, le Comité se voit obligé d'attirer l'attention sur le fait que bien que cinq mois se soient écoulés depuis que l'Etat des Payements est entré en vigueur, il est peu probable que le produit des impôts se trouve augmenté avant le 31 décembre 1921 au plus tôt.

Le résultat des études du Comité en ce qui concerne la question est donné avec plus de détails à l'Appendice II ci-joint (1).

b) *Dépenses.* — (*Voir* Appendice III) (1).

1° Budget ordinaire :

Les dépenses inscrites au budget ordinaire sont les dépenses courantes du Reich; il n'a pas été possible au Comité des Garanties d'entrer dans les détails de l'examen des différents postes de ce budget, il doit donc formuler les plus extrêmes réserves sur les chiffres qui lui ont été soumis par le Gouvernement allemand.

(1) Ces appendices, trop volumineux, n'ont pu être reproduits dans la présente publication.

2° Budget extraordinaire :

Dans le déficit du budget extraordinaire pour l'exercice 1921-1922 évalué à :

28,5 milliards de mark-papier,

l'exploitation des postes et des chemins de fer intervient pour :

Chemins de fer	14,4	milliards de mark-papier.
Postes.	4,4	— —
	18,8	— —

c'est-à-dire pour :

66 o/o du déficit (voir appendice III) (1).

Ainsi qu'il résulte d'une étude faite par certains membres du Comité des Garanties et qui se trouve ci-jointe en Annexe (Appendice III) (1), la majorité du Comité des Garanties estime qu'une politique énergique du Gouvernement allemand aurait pu permettre une réduction des dépenses sur le budget extraordinaire de 1921-1922 de :

8 à 10 milliards de mark-papier,

répartie entre les déficits des chemins de fer, postes, télégraphes et de ravitaillement et les frais de construction de maisons pour mineurs.

3° Budget des contributions :

Le budget des contributions (estimations 1921-1922) se solde par un total de dépenses de :

68 milliards de mark-papier,

(1) Cet appendice, trop volumineux, n'a pu être reproduit dans la présente publication.

chiffre que toute nouvelle dépréciation du mark augmentera encore.

Il résulte de l'étude faite par le Comité des Garanties que le budget pour l'exercice 1921-1922, tel qu'il est présenté par le Gouvernement allemand, s'établit comme suit :

	Recettes.	Dépenses.
	—	—
Budget ordinaire.	51,5	51,5
Budget extraordinaire	10	38
Budget des contributions.	»	68
Déficit	96	»
	157,5	157,5

Les quelques rectifications apportées par la majorité du Comité des Garanties auraient pour effet, si on prend le change de 30 mark-papier = 1 mark-or, de rétablir comme suit le budget 1921-1922 :

	Recettes.	Dépenses.
	—	—
Budget ordinaire.	65	51.5
Budget extraordinaire	10	29
Budget des contributions.	»	68
Déficit.	73,5	»
	148,5	148,5

Il y a lieu de faire remarquer que, parmi les dépenses prévues au budget ordinaire, il y a une somme de :

9 600 millions de mark-papier,

représentant les versements à faire par le Reich aux différents Etats du Reich. Par suite de l'augmentation du rendement des impôts dont une certaine proportion doit être remise aux Etats, ces versements atteindront en réalité 11 à 12 milliards de mark-papier.

Le Comité se propose de vérifier la manière dont ces sommes sont dépensées ainsi que les ressources propres que possèdent lesdits Etats provenant des rentrées des impôts qu'ils perçoivent directement (6 milliards de mark-papier environ par an). Le Comité se réserve de saisir de la question le Gouvernement allemand lorsque ses services auront achevé de l'examiner.

CHAPITRE II

BUDGET ALLEMAND 1922-1923 (prévisions).

Le Gouvernement allemand, arguant de l'impossibilité d'établir des prévisions budgétaires sérieuses dans une monnaie dont le cours varie continuellement, n'a remis les évaluations ci-dessous que sous toutes réserves.

Ce budget sera établi d'après les mêmes principes que le budget 1921-1922, c'est-à-dire :

Budget ordinaire;

Budget extraordinaire (déficit des règles, etc);

Budget des contributions de réparations et d'exécution du Traité.

I. *Chiffres tels que le Gouvernement allemand les a présentés au Comité des Garanties*

D'après les prévisions du Gouvernement allemand reproduites ci-joint en annexe (Appendice IV) (1), le bud-

(1) Cet appendice, trop volumineux, n'a pu être reproduit dans la présente publication.

get ordinaire et le budget extraordinaire s'équilibrent approximativement avec un total de recettes et de dépenses de :

87,5 milliards de mark-papier.

Le budget des contributions laissera un déficit de :

90 milliards de mark-papier.

2. *Chiffres résultant des rectifications engagées par le Comité*

a) *Recettes* (*Voir* Appendice II) (1).

Pas moins de 31,2 milliards de mark-papier des ressources prévues seront dus à 15 projets de lois actuellement soumis au Reichstag.

Le Comité a étudié, autant que cela lui a été possible, les ressources prévues telles qu'elles ont été présentées par le Gouvernement allemand. Tout en estimant que les évaluations allemandes sont tantôt optimistes, tantôt pessimistes, il trouve d'une manière générale que les évaluations du Gouvernement peuvent être admises.

On trouvera à l'Annexe II les résultats détaillés de l'étude du Comité; on dira ici quelques mots sur certains points les plus importants.

I. — Impôts directs

Il est regrettable que deux au moins de ces impôts soient compliqués et ne puissent être productifs pendant l'année dont le Comité s'occupe. Il y a de nombreux moyens d'échapper au payement pour tous les

(1) Cet appendice, trop volumineux, n'a pu être reproduit dans la présente publication.

impôts directs. Le nombre des contribuables qui se sont dérobés jusqu'à présent est très élevé. Le Gouvernement allemand fait connaître qu'il a l'intention de poursuivre une application plus stricte.

II. — Impôts indirects

Il paraît, à première vue, que l'on pourrait demander davantage à certains impôts ou droits (comme par exemple, aux impôts sur le chiffre d'affaires, le sucre, le charbon, exportations, etc.) qui, à cause de la baisse du mark, semblent susceptibles d'une majoration donnant compensation à cette chute de la monnaie nationale.

Pour les droits de douane à l'importation qui, en théorie, sont payables en or, le Gouvernement allemand n'a pas pris les mesures nécessaires pour augmenter le coefficient de façon à compenser la différence importante qui existe actuellement entre le mark-papier et le mark-or. Des mesures ont été prises pour que ce coefficient soit considérablement augmenté à dater du 20 octobre 1921. Le coefficient restera néanmoins au-dessous de la parité réelle et le Comité a lieu de croire qu'en raison de certaines pratiques courantes en matières d'exonération et de réduction, on ne tirera pas de cette source tout ce qu'elle pourrait donner, même avec la majoration du coefficient qui a été décidée. Il a fait des représentations énergiques au Gouvernement allemand à ce sujet.

Enfin, le Comité tient à faire observer que cet accroissement de ressources est loin de combler le déficit résultant de l'indemnité. Le seul projet qui paraisse être envisagé pour fournir de nouvelles ressources est celui qui est connu sous le nom de *Erfassung der Gold Werte*, c'est-à-dire de mainmise sur les actifs or; en d'autres termes, une sorte de prélèvement sur la propriété présentée par les terres, usines, établissements industriels, etc. La possibilité d'instituer un tel prélèvement constitue actuellement une question politique aiguë en Allemagne et fait l'objet de négociations entre les industriels et le Gouvernement.

b) *Dépenses :*

Les quelques modifications apportées par le Comité des Garanties, et résumées dans l'Appendice V ci-joint (1), auraient pour effet de rétablir comme suit le projet de budget 1922-1923 :

	Recettes.	Dépenses.
	(Milliards.)	
Budget ordinaire	82	65
Budget extraordinaire	5,4	14
Budget des contributions	»	100
Déficit	91,6	»
	179	179

soit un déficit de :

91,6 milliards de mark-papier.

A propos de la forme du budget, le Comité a fait remarquer qu'il y avait une inexactitude juridique à présenter le budget en appliquant tout d'abord les recettes à la couverture des dépenses propres du Reich, tant ordinaires qu'extraordinaires, de sorte que les dépenses pour l'exécution du Traité ne sont couvertes que par le reste des recettes, s'il y en a un, ce qui n'est d'ailleurs pas le cas.

(1) Cet appendice, trop volumineux, n'a pu être reproduit dans la présente publication.

Il serait plus conforme aux obligations de l'Allemagne, notamment aux dispositions de l'Article 248 et du paragraphe 12 *b*) de l'Annexe II de la Partie VIII du Traité de Versailles et de l'Article 7 de l'Etat des Payements, de présenter d'abord le budget des contributions avec, en dépense, les sommes dues au titre des Armées d'occupation et des Réparations, et, en recette : 1° le produit des douanes; 2° le produit des ressources spécialement affectées par application de l'alinéa *c* de l'article 7 de l'Etat des Payements.

Sur la question générale des ressources, le Comité fait observer que pour donner un avis de quelque valeur sur le point de savoir si les impôts pourraient être appliqués en Allemagne de manière à fournir au budget un important supplément de recettes, il faudrait faire une étude attentive de la capacité fiscale de l'Allemagne.

Le Comité a décidé de procéder à une étude plus approfondie de cette question. Notamment, en application de l'alinéa *b*) du paragraphe 12 de l'Annexe II de la Partie VIII du Traité, il fait poursuivre, par le Service d'Information, avec l'aide de tels instituts économiques ou de tels experts qu'il jugera nécessaire, la question de savoir si le système fiscal allemand est aussi lourd proportionnellement que celui de l'une quelconque des Puissances représentées à la Commission.

CHAPITRE III

MONTANT DES DEVISES ÉTRANGÈRES NÉCESSAIRES A LA VIE ÉCONOMIQUE DE L'ALLEMAGNE DEPUIS LE 1er SEPTEMBRE 1921 JUSQU'AU 1er MAI 1922 (Voir appendice VI) (1).

Le Gouvernement allemand a évalué à :

2 574 à 2 724 millions de mark-or

le montant des devises étrangères qui lui sont nécessaires d'ici au 1er mai 1922, aussi bien dans des buts économiques que pour assurer l'exécution du Traité de paix, abstraction faite des besoins des particuliers.

Une étude critique de ces chiffres a permis au Comité des Garanties d'acquérir la certitude que le montant ne doit pas dépasser :

2 330 à 2 480 millions de mark-or.

Le chiffre accepté par le Comité des Garanties portant sur une période de sept mois (1er octobre 1921 au 1er mai 1922) il en résulte que la moyenne mensuelle des besoins du Reich en devises étrangères serait de 350 millions de mark-or.

Il n'est peut-être pas inutile de mettre en évidence, vis-à-vis de ces chiffres, le montant des mark-or que le Gouvernement allemand s'est procuré pendant les mois de mai, juin, juillet et août 1921, c'est-à-dire avant la rapide dépréciation du mark que nous subissons actuellement.

Mai.	Juin.	Juillet.	Août.
(Millions de mark-or.)			
264	228	125	135

(1) Cet appendice, trop volumineux, n'a pu être reproduit dans la présente publication.

CHAPITRE IV

MÉTHODE UTILISÉE PAR LE GOUVERNEMENT ALLEMAND POUR SE PROCURER DES DEVISES ÉTRANGÈRES

Le Gouvernement allemand estime pouvoir se procurer mensuellement, grâce aux mesures qu'il a prises avec l'aide des divers bureaux de contrôle des exportations (*Voir* Appendice VII) (1)

85 millions de mark-or.

Il resterait donc au Gouvernement allemand à se procurer mensuellement d'ici au 1er mai 1922 :

260 à 265 millions de mark-or.

en se les procurant sur le marché de Berlin ou les marchés étrangers.

En juin dernier, le Comité a consenti à ce que le Gouvernement allemand n'établisse pas effectivement le prélèvement de 25 o/o sur les exportations prévu à l'Article 7 de l'Etat des Payements aux deux conditions suivantes :

1. Que le Gouvernement allemand remette mensuellement des devises étrangères pour un montant égal à celui du prélèvement;
2. Que des mesures en vue de la mise en fonctionnement du prélèvement soient immédiatement préparées de sorte que celui-ci pût être mis en application à tout moment si tel était le désir du Comité.

Le Gouvernement allemand a soumis au Comité un

(1) Cet appendice, trop volumineux, n'a pu être reproduit dans la présente publication.

projet d'instructions à cet effet en insistant toutefois encore sur ce que, à son sens, des mesures de ce genre accroîtraient plutôt qu'elles ne diminueraient les difficultés qu'il éprouve à se procurer des devises étrangères. Les principales raisons sur lesquelles il s'appuie sont les suivantes : l'exportateur ne pourrait pas se procurer des devises étrangères préalablement à l'exportation des marchandises à moins de vendre des mark pour acheter des devises; d'autre part si cet exportateur désirait conserver un crédit en monnaies étrangères rien ne l'empêche de vendre les mark-papier qu'il recevrait en contrepartie et de s'en servir pour racheter des devises étrangères à son gré.

Les représentants de l'Allemagne ont reconnu que la spéculation pratiquée par les maisons de commerce et les citoyens allemands a exercé une action considérable sur les marchés, chacun cherchant à échanger ses avoirs en mark contre des devises plus stables. Il a été suggéré qu'on pourrait faire obstacle à cela en rétablissant le Devisenkontrol dans les conditions où il fonctionnait pendant la guerre, mais les représentants de l'Allemagne ont fait remarquer que ce rétablissement impliquerait celui de la censure postale, téléphonique et télégraphique et que, même en supposant le contrôle rétabli, il serait très facile d'y échapper.

D'une manière générale, le sentiment exprimé par eux a été que les mesures artificielles qu'on pourrait prendre ne sauraient avoir d'autre effet que de modifier les moyens par lesquels le Gouvernement se procurait les devises étrangères et qu'elles ne pourraient en fin de compte augmenter la quantité de ces devises susceptible d'être acquise par lui; que, par conséquent, il valait beaucoup mieux que le Gouvernement centralisât ses achats de devises étrangères plutôt que de se procurer ces devises par achats indirects et par l'intermédiaire d'un certain nombre d'acheteurs différents.

Le Comité a accepté d'ajourner la question de savoir si le prélèvement sur les exportations ne devait pas être mis en œuvre.

Il est évidemment de la plus haute importance que le Gouvernement allemand n'autorise ses exportateurs à utiliser leurs devises pour se constituer des avoirs à l'étranger que dans les limites strictes de leurs besoins commerciaux et que, d'autre part, il empêche que les devises disponibles sur le marché soient détournées des besoins du Gouvernement allemand au profit de la spéculation; le Comité se propose d'insister auprès du Gouvernement allemand pour que celui-ci prenne les mesures qui paraissent s'imposer à cet égard.

CHAPITRE V

BALANCE DES COMPTES EN DEVISES ÉTRANGÈRES TELLE QU'ELLE S'ÉTABLIT DANS LA SITUATION ÉCONOMIQUE ACTUELLE.

Le Sous-Secrétaire d'Etat Hirsch a présenté au Comité des Garanties un travail d'où il résulte que, d'après ses prévisions, la balance allemande en devises étrangères se soldera, pour l'exercice en cours, en comprenant les charges résultant de l'Etat des Payements pour 3 milliards de mark-or, par un déficit un peu supérieur à :

5 milliards de mark-or.

Le Comité des Garanties estime (voir Appendice VIII) (1)

(1) Cet appendice, trop volumineux, n'a pu être reproduit dans la présente publication.

que le déficit de la balance des comptes allemands en devises étrangères peut être ramené à environ :

4 milliards de mark-or.

Etant donné cependant l'incertitude des facteurs invoqués, le Comité donne cette estimation sous toutes réserves.

CONCLUSIONS

Le Comité des Garanties s'est efforcé de présenter à la Commission des Réparations un tableau aussi exact que possible de la situation de l'Allemagne au regard des Réparations. Mais l'exposé des faits ne doit pas aller sans une étude critique de ces faits eux-mêmes et la recherche des causes qui les ont fait naître.

La difficulté principale invoquée par le Gouvernement allemand est celle de rassembler au cours des prochains mois à venir les devises étrangères.

A cet égard, on doit tout d'abord se demander si le Gouvernement allemand a bien tenté tout ce qu'il était possible de faire.

Sans doute, le Gouvernement allemand a-t-il promulgué en 1919 une loi contre l'exportation des capitaux, mais il est de notoriété publique que, malgré cette loi et vraisemblablement à cause de la faiblesse avec laquelle elle a été appliquée, les ressortissants allemands sont parvenus à faire passer à l'étranger une partie notable de la richesse nationale.

Sans doute, aussi, le Gouvernement allemand s'est-il préoccupé de prendre des mesures en vue d'obtenir des exportateurs la remise de devises sur l'étranger, mais cette politique a été également hésitante. Après avoir supprimé les Centrales et rendu la liberté au commerce des devises, le Gouvernement allemand n'a pris que tardivement et timidement des mesures tendant à obliger les exportateurs à partager leurs devises avec lui. D'après les informations que possède le Comité, les dernières instructions données par le Gouvernement allemand recommandent bien aux Offices du commerce extérieur de subordonner l'octroi des licences d'exportation à l'engagement à prendre par les exportateurs de remettre au Gouvernement une partie de leurs devises. Mais cette mesure est entourée de réserves et de dérogations qui sont de nature à en diminuer beaucoup l'efficacité.

Quoi qu'il en soit, il est avéré que la pratique actuelle des exportateurs allemands est de laisser à l'étranger, même au delà de leurs besoins commerciaux, la plus grande partie disponible des avoirs qu'ils s'y créent par leurs ventes, et leurs mesures prises jusqu'ici ne paraissent pas assez énergiques pour réagir contre cet état de choses.

L'avilissement du mark qui est la cause directe des difficultés que rencontre le Gouvernement allemand pour s'acquitter de ses obligations envers les Alliés, résulte en très grande partie de la politique financière de faiblesse et d'atermoiements qu'il a suivie depuis la fin de la guerre. Depuis trois ans que la guerre est finie, depuis deux ans qu'il connaît les charges que le Traité lui impose, il ne s'est pas préoccupé suffisamment d'aménager les finances publiques de l'Allemagne en vue du règlement des obligations que lui impose la réparation des dommages, ni même en vue de l'assainissement de sa Trésorerie, abstraction faite des Réparations.

Les déficits budgétaires ont été en croissant : l'Allemagne qui, déjà avant la guerre, avait une très importante organisation administrative, n'a pas fait les économies qu'on était en droit d'attendre d'un pays dans sa situation; malgré ses pertes de territoires, le nombre de ses fonctionnaires s'est accru; la politique de ravitaillement qui pouvait s'expliquer au lendemain de la levée du blocus a été continuée sur une grande échelle et s'inscrit encore au budget pour plusieurs milliards; le Reich s'est chargé dans des conditions onéreuses de la gestion des chemins de fer, et cette gestion se traduit par un déficit considérable.

Tandis que l'Allemagne ne faisait pas assez pour réduire ses dépenses, elle négligeait aussi d'augmenter ses recettes suffisamment pour couvrir le déficit.

En dehors du Reichsnotopfer qui n'a d'ailleurs été perçu que partiellement, et qui a été immédiatement détourné de sa destination, les augmentations de recettes constatées dans les budgets sont dues principalement à la dépréciation du mark qui entraîne un relèvement des prix et une plus-value dans le rendement de certains impôts de consommation. Encore, cette plus-value n'existe-t-elle que lorsque l'impôt, étant un impôt *ad valorem*, comme l'Umsatzsteuer, augmente automatiquement avec les prix; au contraire, pour les impôts de consommation assis sur les quantités, le Gouvernement allemand n'a pas procédé aux relèvements nécessaires.

Cette politique contribue à engendrer une telle méfiance à l'égard de l'avenir financier de l'Allemagne et de la monnaie allemande, que le Gouvernement allemand s'est trouvé privé de la possibilité de procéder à des emprunts intérieurs qui lui auraient permis de consolider sa dette flottante et de réduire sa circulation fiduciaire. Les déficits budgétaires doivent donc être couverts uniquement par des émissions de Bons du Trésor, et, comme le public se refuse à faire confiance au Gouvernement allemand, même pour des prêts à court terme, le Trésor allemand doit escompter ses bons auprès de la Reichsbank et provoque ainsi une augmentation de la circulation fiduciaire à laquelle il n'est pas possible de prévoir de limites.

Le Comité des Garanties ne peut pas croire que cette situation n'aurait pas pu être évitée, au moins en très grande partie. La puissance industrielle de l'Allemagne, sa vitalité intérieure ne paraissent pas avoir été utilisées par le Gouvernement allemand autant qu'il aurait pu le faire.

Le Comité des Garanties estime qu'avec une politique budgétaire énergique, il serait encore possible au Gouvernement allemand de rétablir les finances publiques dans une situation plus conforme aux conditions économiques actuelles de l'Allemagne. Le devoir du Gouvernement allemand consisterait précisément à faire face à la situation exceptionnelle de ses finances par des moyens exceptionnels. A cette condition seulement, l'Allemagne pourrait être considérée comme ayant fait véritablement un effort pour améliorer sa situation financière et pour se mettre en mesure de s'acquitter de ses obligations.

Quoi qu'il en soit, le Comité des Garanties soumet à la Commission des Réparations les conclusions suivantes :

1° Le Comité des Garanties ne s'exagère nullement l'importance de la baisse du mark qui, si elle augmente les charges du Reich exprimées en mark-papier, doit provoquer automatiquement un accroissement des recettes budgétaires exprimées également en mark-papier. Cette augmentation toutefois ne peut se produire qu'avec un certain délai, et pendant cette période de transition, l'obtention par le Gouvernement allemand des *mark-pa-*

pier nécessaires à l'exécution de ses obligations soulève un problème qui mérite d'être étudié.

Le Gouvernement allemand pourrait certainement raccourcir la période de transition envisagée ci-dessus par des mesures qui sont en son pouvoir; par exemple, comme il est indiqué à l'Appendice II, une augmentation plus rapide du coefficient employé pour mettre les droits de douane actuels en rapport avec ceux de 1914, une majoration d'impôt sur les bières, alcools, sucres, ainsi que sur les exportations et sur les charbons (ces dernières étant destinées à compenser les effets de la chute du mark) pourraient en peu de temps accroître les ressources en mark-papier du Gouvernement allemand et faciliter l'équilibre de son budget. Il n'est pas certain qu'il ait fait ou fasse tous les efforts désirables dans ce but.

Le Comité des Garanties estime toutefois que le but à poursuivre — et indispensable à obtenir si l'on veut établir un programme d'exécution pratique — est la stabilisation du mark, la valeur intrinsèque de celui-ci ayant une importance moins grande que sa stabilité.

Le déficit pour l'année courante est évalué à au moins 90 milliards de mark-papier; et à supposer même que le programme fiscal du Gouvernement soit intégralement appliqué, le déficit pour le prochain exercice paraît également devoir s'élever à 90 milliards de mark-papier. Il semble que l'intention soit de combler ces déficits à l'aide d'une émission de bons du Trésor, qui pourront être escomptés de la manière habituelle et, par conséquent, donner lieu à une nouvelle inflation fiduciaire. La dépréciation du mark se prolongera inévitablement et même s'accentuera tant que la machine à fabriquer les billets continuera à être la seule ressource pour combler les déficits budgétaires. Ainsi, le Comité estime-t-il qu'il y a lieu de presser le Gouvernement allemand d'envisager la possibilité d'émettre un emprunt intérieur à une date aussi rapprochée que possible pour que tout déficit non couvert par un accroissement d'impôts soit comblé au moyen des économies réelles du pays plutôt qu'en continuant d'avoir recours à l'émission de billets.

2° La transformation des mark-papier en devises étrangères susceptibles d'être acceptées par le Comité des Garanties, paraît également être devenue plus difficile pendant ces dernières semaines. Les chiffres soumis par le Gouvernement allemand méritent évidemment d'être contrôlés, car ils font en général abstraction, ou tout au moins ils accordent peu d'importance à ce que l'on est convenu d'appeler les « exportations cachées ».

Il est de notoriété publique que les ressortisssants allemands possèdent à l'étranger de nombreuses disponibilités qui produisent annuellement des ressources dont le Gouvernement allemand ne paraît pas avoir fait état d'une façon suffisante dans les exposés qu'il a faits au Comité des Garanties.

3° Le Comité des Garanties estime que, pour remplir ses obligations, l'Allemagne ne doit pas uniquement prélever sur ses revenus, mais doit également consentir à un sacrifice sur son capital. Pareille opération est forcément délicate et nécessite une combinaison financière.

Cette combinaison ne peut être élaborée et mise au point en quelques semaines; il ne semble pas que ce travail puisse être achevé avant les prochaines échéances de janvier, de février et peut-être même d'avril. Une combinaison provisoire et limitée paraît donc nécessaire pour couvrir ces échéances. C'est à quoi s'efforce en ce moment le Gouvernement du Reich.

S'il y réussit, c'est-à-dire s'il peut, grâce à la garantie personnelle des industriels et commerçants allemands disposer à bref délai de crédits ouverts à l'étranger, les échéances seront assurées. Un répit serait ainsi obtenu qui pourrait être utilisé pour étudier avec le Gouvernement allemand une série de mesures qui, en contribuant à donner une plus grande stabilité au mark, faciliteraient la solution du problème des réparations. Si l'opération envisagée échoue, il est fort à craindre que le Gouvernement allemand déclare qu'il ne peut pas effectuer les prochains versements prévus par l'Etat des Payements.

Le Comité des Garanties estime de son devoir d'appeler dès à présent l'attention de la Commission des Réparations sur cette situation.

Signé : MAUCLÈRE.
KEMBALL-COOK.
D'AMELIO.
BEMELMANS.

ANNEXE I

Rectification à la note N° 1 du Comité en date du 28 juin 1921 (1)

COMITÉ DES GARANTIES.

—

Berlin, 10 octobre 1921.

Le Comité des Garanties
à Monsieur le Chancelier du Reich, Dr Wirth,
Ministère des Finances.

Lorsque le Comité des Garanties avait essayé, à la fin du mois de juin 1921, de déterminer l'importance des revenus que le Gouvernement allemand devrait affecter, conformément aux dispositions de l'alinéa C de l'Article 7 de l'Etat des Payements, pour compléter les garanties expressément prévues par les alinéas A et B de cet article, il avait été obligé, en formulant d'ailleurs les plus expresses réserves, de prendre pour base certains chiffres qui ne pouvaient être, à cette époque, que de pures prévisions.

Le Comité avait estimé alors que les sommes à payer par l'Allemagne au cours de l'année 1921-1922 s'élèveraient à 2 650 millions de mark-or, et que cette somme serait couverte jusqu'à concurrence de 2 350 millions de mark-or par les prestations en nature, le produit du *Re-*

(1) Voir page 14.

paration Recovery Act et la somme de 1 milliard de mark-or versée à la Commission des Réparations, en exécution de l'Article 5 de l'Etat des Payements; il ne serait donc resté qu'un solde de 300 millions de mark-or.

Le Comité avait tiré de ses prévisions les conséquences suivantes :

a) L'affectation en garantie des droits de douane pourrait ne commencer que le 15 novembre et le premier versement correspondant au prélèvement de 25 o/o sur les exportations pourrait n'être effectué que le 15 décembre.

b) L'affectation en garantie d'autres ressources ne serait probablement pas nécessaire au cours de l'année 1921-1922.

Les faits qui se sont produits depuis lors sont venus infirmer les prévisions primitives et obligent le Comité à reviser ses estimations et les conclusions qu'il en avait tirées. D'autre part, l'insuffisance des livraisons en nature et la dépréciation du mark concourent à augmenter le chiffre des impôts que le Gouvernement allemand doit affecter en garantie pour pourvoir aux payements en espèces. D'autre part, le Gouvernement allemand fait prévoir une diminution des exportations qui aurait pour résultat une réduction des prévisions de l'annuité variable.

Pour reprendre la méthode d'exposition adoptée dans la note N° 1 du 28 juin, les prévisions pour l'année 1921-1922 rectifiées en tenant compte des considérations ci-dessus s'établiraient aujourd'hui de la façon suivante :

En admettant que la diminution des exportations au cours de l'année 1921-1922 amène à 275 millions les échéances du 15 novembre 1921 et du 15 février 1922 les obligations de l'Allemagne au titre de l'année 1er mai 1921 au 30 avril 1922 seraient de 2 550 millions de mark-or. Il convient d'y ajouter deux versements mensuels de garanties en vue de l'échéance du 15 mai évaluée à 275 millions; soit 91,7 millions pour chaque versement, ensemble 183,4 millions de mark-or.

Le total des sommes que l'Allemagne devrait avoir versées le 1er mai 1922 serait donc : 2 733 millions de mark-or.

Dans l'état actuel des choses, on peut estimer que sur ces obligations :

a) 1 milliard de mark-or a été payé en exécution de l'Article 5 de l'Etat des payements;

b) 500 millions de mark-or ont été ou seront recouvrés au moyen de livraisons en nature;

c) 50 millions de mark-or seront produits par le *Reparation Recovery Act;*

c'est-à-dire que l'on peut considérer provisoirement un total de 1 550 millions de mark-or comme déjà couvert, et que le solde à couvrir au moyen des ressources spécifiées par l'Article 7 est de 1 183 millions de mark-or.

Il ne peut plus être question évidemment de couvrir cette somme au moyen des deux catégories de fonds assignés en garantie par les alinéas A et B de l'Article 7 de l'Etat des payements, qui dans la note du 28 juin, n'entraient en ligne de compte qu'à partir du 15 novembre et du 15 décembre 1921, respectivement.

En raison du déficit que l'on peut prévoir actuellement, il serait nécessaire que ces fonds assignés en garantie fussent mis à la disposition du Comité à partir d'une date aussi rapprochée que possible, par exemple le 15 octobre.

Dans ce cas, on pourrait évaluer les fonds assignés en garantie de la manière suivante :

a) Douanes. — Le produit des douanes, y compris les taxes à l'exportation, peut être évalué, pour les six mois restant à courir, compte tenu du relèvement du coefficient à 2 968,8 millions de mark-papier environ, soit 98 millions de mark-or au taux de 1 M. O. = 30 M. P. (Voir note annexe.)

b) Prélèvement sur les exportations. — Le chiffre de 275 millions de mark-or admis par ailleurs pour la trimestrialité de l'annuité variable, suppose une exportation annuelle de $\frac{275 \times 4 \times 100}{26} = 4$ milliards 230.

Un prélèvement de 25 o/o sur ces exportations donnerait un chiffre de 1 050 millions environ dont il faut déduire les 50 millions prévus par ailleurs comme produit du *Reparation Recovery Act*, soit 1 000 millions environ. Au cours des six mois à venir, l'application du système prévu par le Comité des Garanties dans sa note du 28 juin devrait donc procurer les sommes données en garantie jusqu'à concurrence de : $\frac{1\,000}{2} = 500$ millions.

Le total des fonds assignés en garantie par les alinéas A et B de l'Article 7, et devant être mis à la disposition du Comité dans l'hypothèse ci-dessus, est donc équivalent à 598 millions de mark-or. Il resterait alors (1 183 — 598) = 585 millions de mark-or, correspondant à 17 550 millions de mark-papier (au cours de 1 M. O. = 30 M. P.) pour lesquels les fonds complémentaires devraient être affectés en garantie aux termes de l'alinéa C de l'Article 7.

Or, en prenant pour base les recouvrements effectués

pendant les mois de mai, juin et juillet, rectifiés en tant que de besoin, comme il est indiqué dans une note ci-annexée, il est probable que le rendement mensuel des six impôts offerts en garantie par le Gouvernement allemand au mois de juin dernier sera de 1 632 millions de mark-papier environ.

A supposer d'abord que l'affectation de ces impôts soit rendue effective à partir du 15 octobre 1921, à supposer ensuite qu'elle soit totale, ce qui serait d'ailleurs contraire aux vues du Comité, comme celui-ci l'a exposé dans sa lettre du 1er septembre, on ne pourrait compter, de maintenant au 15 avril, que sur une somme d'environ 9 690 millions de mark-papier, soit 258,7 millions de mark-or pour lequel le Gouvernement allemand serait dans l'obligation d'offrir au Comité d'autres recettes en garantie.

Signé : MAUCLÈRE.
KEMBALL-COOK.
BEMELMANS.
GRAZIADEI.

NOTE ANNEXE

Rendement présumé des revenus affectés en garantie pendant la période du 15 octobre 1921-15 avril 1922

Les douanes et impôts proposés en garantie donnent les rendements moyens suivants par mois, sur la base du produit des trois derniers mois connus : *mai, juin, juillet* (le mois d'avril a été écarté, son rendement n'étant pas tout à fait normal par suite du début de l'année fiscale qui entraîne des chevauchements de compte).

Pour certains de ces impôts, des redressements ont semblé justifiés par les conditions de perception; ces redressements sont indiqués dans les notes intercalées dans le tableau ci-dessous :

A. RESSOURCES PRÉVUES PAR L'ÉTAT DES PAYEMENTS ($ 7 a)

1° *Droits de douane :*

		Millions.
Rendement des trois derniers mois. .	948,9	
Rendement moyen prévu par mois		425
(Cette évaluation tient compte du relèvement du coefficient à partir du 20 octobre et a été établie après audition des fonctionnaires allemands compétents.)		
A reporter.		425

2° *Taxes d'exportations* (Ausfuhrabgaben) :

		Millions.
Report		425
Rendement des trois derniers mois. .	194,4	
Rendement moyen prévu par mois		64,8

(Les taxes perçues par l'Administration des Finances et celles perçues par le Ministère des Affaires économiques ont été réunies sous une seule rubrique.)

		489,8

B. IMPÔTS PROPOSÉS EN GARANTIE (Etat des Payements § 7 c)

1° *Impôt sur le tabac :*

		Millions.
Rendement des trois derniers mois. . .	765	
Rendement moyen prévu par mois		255

2° *Impôt sur le charbon :*

Rendement des trois derniers mois. .	1 147	
Rendement prévu par mois		420

(Cette évaluation tient compte d'un renchérissement du charbon de 10 o/o.)

3° *Impôt sur le chiffre d'affaires :*

Rendement des trois derniers mois. .	2 548	
Rendement moyen prévu par mois		700

Note. — Une grande partie des rentrées des premiers mois de l'année s'appliquent à l'année 1920-1921; il est prudent de ne prendre qu'un rendement moyen se rapprochant de celui du dernier mois (juillet : 700).

4° *Impôt sur le sucre :*

Rendement des trois derniers mois . .	37,3	
Rendement moyen prévu par mois		14,5

Note. — Étant donné que cet impôt rentre

A reporter.		1 389,5

		Millions.
Report		1 389,5
surtout dans les mois de la campagne d'hiver, nous avons pris la moyenne du rendement prévu dans les six derniers mois, selon les prévisions budgétaires.		
5° *Monopole de l'alcool :*		
Rendement des trois derniers mois. .	81 220	
Rendement moyen prévu par mois		75
Note. — Le monopole, d'après les prévisions budgétaires, devrait rendre 688 millions par an, soit 57 millions par mois, mais le produit n'en rentre, pour la plus grande partie, que dans les derniers mois de l'exercice. On a pris comme rendement mensuel le chiffre des recettes restant à recouvrer pour atteindre les prévisions budgétaires, divisé par 8 (688-89 millions, rendement des quatre premiers mois = 599 millions).		
6° *Impôt sur le revenu du capital :*		
Rendement des trois derniers mois. . .	502	
Rendement moyen prévu par mois		167,3
Total des impôts proposés en garantie. (Article 7 c)		1 631,8

D'après ces prévisions qui tiennent compte des variations du rendement on obtient pour la période de six mois qui s'étend du 15 octobre 1921 au 15 avril 1922 :

	Millions.
a) Pour les douanes un produit de.	2 938,8
b) Pour les six impôts offerts en garantie . . .	9 790,8

Signé : Mauclère.
Bemelmans.
Kemball-Cook.
Graziadei.

ANNEXE II

Réponse du Comité des Garanties aux propositions allemandes du 3 octobre 1921

COMITÉ DES GARANTIES.

—

Berlin, le 10 octobre 1921.

Le Comité des Garanties
à Monsieur le Chancelier, Dr Wirth,
Ministre des Finances.

Le Comité des Garanties a examiné la proposition qui lui a été faite par M. Schroeder au nom du Gouvernement allemand le 3 octobre pour parer aux difficultés nées de la situation actuelle et qui consiste essentiellement à remplacer par des mark-papier, ultérieurement rachetables en devises étrangères acceptées, la partie des échéances exigibles en mark-or qui ne serait pas couverte, soit par les prestations et le produit du *Recovery Act*, soit par les devises versées en garantie, correspondant aux droits de douane et au prélèvement de 25 o/o sur les exportations.

Le Comité des Garanties ne méconnaît pas les difficultés que le Gouvernement rencontre actuellement dans le rassemblement des devises nécessaires à l'acquittement de ses obligations par suite de la dépréciation du mark et de la nervosité du marché de la devise. Aussi était-il prêt à examiner avec bienveillance toute proposition que le Gouvernement allemand aurait pu lui faire en vue d'éviter d'avoir à faire immédiatement de trop grands achats de devises étrangères sur le marché, à condition que la solution proposée lui apportât des garanties équivalentes à celles que l'Etat des Payements l'oblige à demander.

Or, la proposition du Gouvernement allemand ne remplit pas cette condition. L'Article 7 de l'Etat des Payements stipule expressément que tous les fonds sont versés en or ou en *monnaies étrangères* : il y a là une prescription formelle qu'il n'appartient pas au Comité des Garanties de transgresser. Même s'il estimait que le mark-papier stabilisé offre des garanties suffisantes, il n'aurait pas le droit d'accepter des versements en cette monnaie. Or, il faut bien reconnaître qu'il est loin d'en être ainsi et que tant que la devise allemande restera sujette à des dépressions aussi importantes que celle qui s'est produite récemment, et tant que l'émission à découvert des billets de banque continuera, les mark-papier ne pourraient pas constituer un gage suffisant.

D'ailleurs, le Comité des Garanties serait désireux d'avoir une nouvelle entrevue avec M. le Chancelier pour l'entretenir de ces questions.

Signé : MAUCLÈRE.
KEMBALL-COOK.

ANNEXE III

Lettre du Comité des Garanties au Gouvernement allemand pour demander au Chancelier la confirmation écrite de ces engagements.

COMITÉ DES GARANTIES.

—

Berlin, le 12 octobre 1921.

Le Comité des Garanties
à Monsieur le Dr Wirth, Chancelier du Reich,
Ministre des Finances.

Monsieur le Chancelier,

Au cours de l'entretien que le Comité des Garanties a eu l'honneur d'avoir avec vous le 11 de ce mois au sujet de la couverture des prochaines échéances et en particulier de celle du 15 janvier, vous nous avez priés d'attendre, pour prendre des décisions à cet égard, le résultat des négociations que vous poursuivez actuellement, en vue d'un emprunt à contracter à l'étranger, avec les représentants de l'industrie, du commerce et de l'agriculture, et les nouvelles propositions que le Gouvernement allemand présentera en conséquence au Comité à la fin du mois de novembre. Vous nous avez d'ailleurs déclaré que le produit de cet emprunt serait intégralement affecté à l'exécution de l'Etat des Payements.

Nous vous serons obligés de bien vouloir nous adresser une lettre confirmant ces déclarations.

Nous vous prions, d'autre part, de bien vouloir noter que c'est en liaison avec cette promesse et en considération des efforts du Gouvernement que vous présidez, notamment en ce qui concerne les concours à obtenir en vue de la conclusion de l'emprunt dont il s'agit, que le Comité a accepté de régler les prochains versements à effectuer par l'Allemagne de la manière exposée dans la note qui vous a été adressée à ce sujet à la date de ce jour.

Veuillez agréer, Monsieur le Chancelier, les assurances de notre haute considération.

Signé : MAUCLÈRE.
BEMELMANS.
KEMBALL-COOK.
GRAZIADEI.

ANNEXE IV

Lettre du Comité au Chancelier du Reich fixant le mode de règlement des versements à faire par l'Allemagne

COMITÉ DES GARANTIES.

—

Berlin, 12 octobre 1921.

Le Comité des Garanties,
à Monsieur le Dr Wirth, Chancelier du Reich,
Ministre des Finances.

Monsieur le Chancelier,

Le Comité des Garanties, pour faire suite aux entretiens qu'il a eus avec les représentants du Gouvernement allemand, a l'honneur de vous faire connaître qu'il a accepté de régler ainsi qu'il suit les prochains versements au titre de l'Etat des Payements :

1° A partir du 15 octobre prochain, le Gouvernement allemand versera en mark-papier, à un compte ouvert au nom du Comité, le produit des douanes (y compris les taxes à l'exportation), à des intervalles qui seront fixés d'accord entre lui et la Délégation du Comité à Berlin. Il convertira ces mark-papier en devises étrangères et la conversion pour chaque période mensuelle devra être achevée à la fin de la période considérée, c'est-à-dire le 15 novembre pour la période allant du 15 octobre au 15 novembre 1921, le 15 décembre pour la période allant du 15 novembre au 15 décembre, et ainsi de suite. Les mark-papier bloqués audit compte seront libérés au fur et à mesure de la remise de devises étrangères acceptées par le Comité et à due concurrence du montant de ces remises.

2° Il sera procédé de la même manière en ce qui concerne l'application du § *b* de l'Article 7 de l'Etat des Payements : versement de sommes correspondant aux 25 centièmes des exportations. Le montant en sera calculé pour la période du 15 octobre au 15 novembre sur la base de la valeur des exportations du trimestre mai-juin-juillet, sauf réajustements ultérieurs après vérification de cette valeur. Toutefois, pour cette première période, le versement en devises étrangères de ces sommes, au lieu d'être effectué le 15 novembre, pourra être reculé jusqu'au 1er décembre au plus tard.

3° En ce qui concerne le découvert qui subsistera, une fois ces versements effectués, sur les obligations de l'Allemagne au titre de l'Etat des Payements pour les prochaines échéances, et notamment pour celle du 15 janvier 1922, le Comité adressera ultérieurement une communication au Gouvernement allemand.

Le Comité vous prie de bien vouloir lui faire connaître d'urgence l'accord du Gouvernement allemand sur les dispositions qui précèdent.

Veuillez agréer, Monsieur le Chancelier, les assurances de notre haute considération.

Signé : MAUCLÈRE.
BEMELMANS.
KEMBALL-COOK.
GRAZIADEI.

IV

LETTRE

DE LA COMMISSION DES RÉPARATIONS AU GOUVERNEMENT ALLEMAND (1)

2 décembre 1921.

La Commission des Réparations
au Gouvernement allemand.

La Commission des Réparations rappelle au Gouvernement allemand les déclarations orales qu'elle avait faites au Chancelier pendant son séjour à Berlin et qui se résument comme suit :

1° La Commission des Réparations, après avoir pris connaissance des travaux du Comité des Garanties, et entendu les explications fournies par le Chancelier allemand et ses représentants relativement aux mesures que le Gouvernement allemand a adoptées ou se propose d'adopter afin d'assurer le payement des échéances des

(1) La Commission des Réparations, prenant en considération la situation décrite dans le rapport du Comité des Garanties (que celui-ci lui avait remis à la suite de son dernier voyage à Berlin), le court délai à courir jusqu'à l'échéance du 15 janvier et la nécessité qu'il y avait de compléter au plus tôt les mesures envisagées par le Comité, avait, le 5 novembre 1921, décidé de se rendre à Berlin. Le but de sa visite était d'examiner les progrès faits et à faire pour la mise à exécution desdites mesures et des moyens que le Gouvernement allemand aurait l'intention de prendre pour se procurer les fonds nécessaires à l'exécution de ses obligations.

15 janvier et 15 février prochains, insiste énergiquement auprès du Gouvernement allemand pour que celui-ci donne toute son attention aux mesures immédiatement nécessaires pour assurer le payement desdites échéances à leurs dates.

Le Gouvernement allemand évitera ainsi les conséquences graves qui résulteraient nécessairement pour l'Allemagne du non-payement de ces échéances à leurs dates.

La Commission des Réparations invite instamment le Gouvernement allemand à faire, soit auprès de ses ressortissants qui notoirement possèdent des avoirs à l'étranger, soit auprès de prêteurs étrangers, tous ses efforts pour obtenir le complément de devises étrangères nécessaires.

2° La Commission des Réparations est persuadée que les difficultés rencontrées par le Gouvernement allemand, difficultés qui sont intimement liées à la baisse récente considérable du cours du mark, présentent un caractère plutôt financier qu'économique. Elles sont dans une large mesure dues au fait que le Gouvernement allemand a manqué de prendre en temps voulu les moyens nécessaires pour équilibrer le budget, de telle sorte que les dépenses publiques ont été, dans une mesure toujours plus grande, couvertes par des crédits accordés au Gouvernement par la Reichsbank, et par l'accroissement de la circulation fiduciaire qui a été la conséquence de ces crédits.

La Commission des Réparations invite instamment le Gouvernement allemand à prendre sans délai toutes les mesures nécessaires pour assainir la situation financière.

Signé : Dubois,
John Bradbury,

V

LETTRE

DU CHANCELIER ALLEMAND
A LA COMMISSION DES RÉPARATIONS

Berlin, 14 décembre 1921.

Monsieur le Président,

Comme j'ai déjà eu l'honneur d'exposer à la Commission des Réparations, lors de son séjour à Berlin, le Gouvernement allemand a fait tous ses efforts afin d'assurer les deux échéances à verser prochainement d'après les dispositions de l'Etat des Payements, en date du 5 mai 1921.

Etant donné que la réalisation de ses efforts ne pouvait se faire qu'à l'aide d'un emprunt à l'étranger, ou que pour une transaction de ce genre, la collaboration active et efficace des financiers anglais était indispensable, le Gouvernement allemand a négocié en Angleterre au sujet de cet emprunt.

Il a reçu de l'autorité compétente une réponse en ce sens que, vu les dispositions réglant actuellement pour les années prochaines les obligations financières du Gouvernement allemand vis-à-vis de la Commission des Réparations, un tel emprunt ne pouvait être obtenu en Angleterre et notamment ni emprunt à longue échéance, ni un crédit de banque à court terme.

Dans ces conditions, le Gouvernement allemand ne peut pas envisager la possibilité de réussir à se procurer les sommes nécessaires au payement total des échéances des 15 janvier et 15 février 1922.

Même en y appliquant tous ses efforts et sans prendre égard à ses nécessités budgétaires, le Gouvernement allemand ne pourra produire pour ces échéances, en dehors des prestations en nature et de la créance provenant des *Recovery Acts*, qu'une somme d'environ 150 à 200 millions de mark-or.

Le Gouvernement allemand se voit donc dans la nécessité de demander à la Commission des Réparations de bien vouloir lui accorder un délai pour le payement des parties des échéances des 15 janvier et 15 février qu'il ne pourra pas verser à ces dates. Il se borne à une telle demande, quoiqu'il se rende compte qu'à l'occasion des échéances ultérieures des difficultés semblables se représenteront.

Veuillez agréer, Monsieur le Président, l'assurance de ma haute considération.

Signé : WIRTH.

VI

LETTRE

DE LA COMMISSION DES RÉPARATIONS AU GOUVERNEMENT ALLEMAND

COMMISSION DES RÉPARATIONS.

—

Le 16 décembre 1921.

La Commission des Réparations,
Au Gouvernement allemand.

La Commission des Réparations a reçu la lettre du Chancelier en date du 14 courant lui faisant connaître que le Gouvernement allemand n'est pas en mesure de verser intégralement les portions d'annuité qui viennent à échéance en vertu de l'Etat des Payements les 15 janvier et 15 février prochains et priant la Commission des Réparations de consentir à l'ajournement de partie de ces échéances.

La Commission ne peut que marquer sa surprise de ne trouver dans la lettre du Chancelier aucune précision ni quant aux devises que le Gouvernement allemand serait prêt à fournir à chacune des échéances du 15 janvier et du 15 février prochains, ni quant au délai de grâce qui serait sollicité pour payer le solde, ni quant aux garanties qui seraient offertes dans l'intervalle.

A moins que et jusqu'à ce que la Commission ait reçu ces précisions, il lui est impossible de prendre en considération ni même d'examiner la demande du Gouvernement allemand.

La Commission des Réparations constate avec regret l'absence dans la lettre du Chancelier de toute allusion aux mesures qu'il a adoptées ou se propose d'adopter pour donner satisfaction aux vues exprimées par la Commission dans sa déclaration orale du 13 novembre et sa lettre du 2 décembre 1921, lettre sur laquelle la Commission attire encore instamment son attention.

Signé : DUBOIS.
JOHN BRADBURY.

VII

LETTRE

DU PRÉSIDENT DE LA KRIEGSLASTENKOMMISSION A LA COMMISSION DES RÉPARATIONS (1)

31 décembre 1921.

Monsieur le Président,

J'ai l'honneur de vous faire savoir qu'à mon grand regret il ne m'a pas été possible, jusqu'à l'heure actuelle, d'arriver à une solution au sujet de la communication que la Commission des Réparations a bien voulu me faire, en réponse à la question que j'ai posée lors de la séance du 29 décembre. Je me permettrai de revenir à cette affaire dans la semaine prochaine.

Signé : FISCHER.

(1) La Commission avait, à la demande du Gouvernement allemand, accordé une audience aux Délégués allemands, le 29 décembre 1921.

VIII

LETTRE

DU GOUVERNEMENT ALLEMAND A LA COMMISSION DES RÉPARATIONS

Paris, le 3 janvier 1922.

Deutsche Kriegslastenkommission,
à la Commission des Réparations, Paris.

D'ordre du Gouvernement allemand, j'ai l'honneur de faire savoir à la Commission des Réparations ce qui suit :

Depuis que dans sa Note en date du 14 décembre dernier le Gouvernement allemand avait soumis à la Commission des Réparations la requête de bien vouloir ajourner le payement de la fraction des sommes dues selon l'Etat des Payements le 15 janvier et le 15 février prochains, qui ne sera pas versée à ces dates, et depuis que la Commission des Réparations avait dans sa Note en date du 16 décembre signalé certains points dont l'élucidation s'imposait, d'après elle, pour pouvoir porter un jugement sur ladite requête, il a été engagé, comme personne n'est sans le savoir, des pourparlers préliminaires entre quelques-uns des Gouvernements alliés au sujet de questions importantes afférentes aux réparations à effectuer par l'Allemagne. Des tractations officielles entre les Alliés relatives à l'ensemble de ces questions sont imminentes.

Dans ces circonstances le Gouvernement allemand a estimé devoir s'assurer de l'assentiment de la Commission des Réparations en ce qui concerne la méthode du traitement à appliquer aux questions posées. La Commission des Réparations a laissé la décision à prendre à ce sujet à la discrétion du Gouvernement allemand.

Dans sa Note en date du 16 décembre la Commission des Réparations s'est référée aux déclarations faites par elle oralement le 13 novembre ainsi qu'aux vœux énoncés dans sa Note du 2 décembre. A ce sujet le Gouvernement allemand se permettra de remettre à la Commission des Réparations une documentation d'où il ressortira quels sont les efforts que le Gouvernement allemand a faits, jusqu'ici, dans la direction de ces vœux et qu'il continuera à faire.

Au demeurant, le Gouvernement allemand estime ne pas avoir à craindre d'être contredit en énonçant l'avis que les questions que la Commission des Réparations a bien voulu poser dans sa Note du 16 décembre ont trait à des affaires qui se trouveront être touchées par l'issue des discussions imminentes du Conseil Suprême. Vu cet état de choses, le Gouvernement allemand considère à propos de s'abstenir, à l'heure qu'il est, de se prononcer au sujet de ces questions.

Signé : FISCHER.

IX

LETTRE

DE LA COMMISSION DES RÉPARATIONS AU GOUVERNEMENT ALLEMAND

COMMISSION DES RÉPARATIONS.

—

Le 6 janvier 1922.

La Commission des Réparations
à la Kriegslastenkommission.

La Commission des Réparations a l'honneur d'accuser réception à la Kriegslastenkommission de sa lettre en date du 3 janvier faisant connaître que le Gouvernement allemand considère à propos de s'abstenir à l'heure qu'il est de se prononcer au sujet des questions contenues dans la lettre de la Commission en date du 16 décembre.

En réponse, la Commission ne peut que réitérer, sans commentaires, et sans apprécier les raisons invoquées par la Kriegslastenkommission, la déclaration qu'elle a faite oralement aux représentants du Gouvernement allemand le 29 décembre, à savoir que le Gouvernement allemand est seul juge de l'opportunité qu'il peut y avoir pour lui de répondre ou de ne pas répondre à la lettre du 16 décembre, d'y répondre immédiatement ou plus tard; mais que, cependant, la demande de délai de payement formulée par le Gouvernement allemand dans sa lettre du 14 décembre ne pourrait être examinée par la Commission qu'après qu'elle aurait reçu les précisions indiquées dans sa lettre du 16.

La Commission des Réparations tient toutefois à faire remarquer au Gouvernement allemand qu'en lui faisant la déclaration ci-dessus rappelée, elle lui a laissé la pleine responsabilité de sa décision.

Signé : Dubois.
Salvago Raggi.

X

LETTRE

DE LA KRIEGSLASTENKOMMISSION A LA COMMISSION DES RÉPARATIONS

Paris, le 10 janvier 1922.

Deutsche Kriegslastenkommission
à la Commission des Réparations, Cannes.

Comme suite à ma lettre Nr. K. 25 en date du 3 janvier 1922 (1), j'ai l'honneur, d'ordre du Gouvernement allemand, de présenter à la Commission des Réparations la documentation suivante :

1° Le projet du budget du Reich pour l'exercice 1922 (2);

2° Une vue d'ensemble sur ledit projet soumis au Reichsrat par le Gouvernement du Reich (2);

3° Le budget pour l'exécution du Traité de Versailles pour l'exercice 1922 (2);

4° Tableaux comparatifs du grèvement du chef des impôts directs en Allemagne, en France et en Angleterre (2);

(1) Voir page 89.

(2) Ces différents documents étaient trop volumineux pour être reproduits dans la présente publication. Certains d'entre eux ont déjà été publiés par le Gouvernement allemand. Les derniers ont paru dans le Journal *Wirtschaft und Statistik*.

5° Deux articles publiés dans le N° 12 du journal *Wirtschaft und Statistik* relatifs à l'inflation fiduciaire et au change.

Cette documentation est destinée à démontrer que le Gouvernement allemand a fait tout son possible pour se conformer au désir exprimé dans sa note du 2 décembre par la Commission des Réparations, à savoir, de prendre immédiatement toutes les mesures qui s'imposent pour l'assainissement de la situation fiduciaire de l'Allemagne.

Quant à la vue d'ensemble mentionnée sub. 2 ci-dessus, il y a lieu de faire la remarque suivante : en établissant le projet du budget ordinaire de l'administration des postes et télégraphes, on avait fait la prévision que les dépenses excéderaient les revenus d'un montant de mark 2 180 655 424. Entre temps, les taxes des postes et télégraphes ont, à partir du 1er janvier 1922, subi une telle augmentation que le budget se trouve, à l'heure actuelle, être balancé.

Aux tableaux comparatifs, mentionnés sous le N° 4, du grèvement du chef de l'impôt sur les revenus, des explications ont été ajoutées.

Les exposés respectifs, mentionnés sub. 5 constituent du matériel comprobant pour démontrer le bien-fondé de la constatation qu'on a faite, que la baisse que le Reichsmark a éprouvée et continue à éprouver dans l'appréciation internationale, provient, en dernière analyse, de ce que l'offre l'emporte sur la demande, en d'autres mots, qu'elle provienne en substance de l'état du bilan des payements et que l'inflation au lieu d'être la cause de ce phénomène, en est plutôt la conséquence.

Signé : FISCHER.

XI

DÉCISION DU 13 JANVIER 1922

DE LA COMMISSION DES RÉPARATIONS (IMMÉDIATEMENT NOTIFIÉE AUX REPRÉSENTANTS DU GOUVERNEMENT ALLEMAND).

La Commission des Réparations décide d'accorder au Gouvernement allemand un délai provisoire pour le payement des échéances du 15 janvier et du 15 février 1922, pour autant que ces échéances ne soient pas couvertes par des payements en espèces déjà faits ou à faire et par des livraisons en nature ou le produit des *Recovery Acts* reçus ou à recevoir aux dates indiquées ci-dessus, sous réserve des conditions ci-après :

a) Pendant la période de délai provisoire, le Gouvernement allemand devra payer en devises étrangères approuvées la somme de 31 millions de mark-or tous les dix jours, le premier payement devant être effectué le 18 janvier 1922.

b) Le Gouvernement allemand devra, dans les quinze jours soumettre à la Commission un projet de réforme, avec des garanties appropriées, pour son budget et sa circulation fiduciaire ainsi qu'un programme complet des payements en espèces et des livraisons en nature pour l'année 1922.

c) La période de délai provisoire prendra fin aussitôt

que la Commission ou les Gouvernements alliés auront pris une décision sur le projet et le programme indiqués en *b*.

Sauf ce qui pourra être prévu autrement dans cette décision, la différence entre les montants effectivement payés pendant la période de délai provisoire et les sommes dues pendant la même période en vertu de l'État des Payements deviendra exigible et payable dans les quinze jours à partir de la date de la décision de la Commission des Réparations ou des Gouvernements alliés suivant le cas.

Quand le projet et le programme dont il est question ci-dessus auront été reçus par la Commission des Réparations, ils seront transmis immédiatement par la Commission aux Gouvernements alliés qui seront ainsi dans la situation, ou bien de traiter la question eux-mêmes ou bien de la renvoyer à la Commission des Réparations pour être résolue par celle-ci.

XII

RAPPORT REMIS PAR L'ALLEMAGNE

CONFORMÉMENT A LA DÉCISION DE LA COMMISSION DES RÉPARATIONS DU 13 JANVIER 1922. — PROJET DE RÉFORME DU BUDGET ET DE LA CIRCULATION FIDUCIAIRE. — PROGRAMME DES PAYEMENTS POUR L'ANNÉE 1922.

Berlin, 28 janvier 1922.

Le Chancelier du Reich,
à Monsieur le Président
de la Commission des Réparations à Paris.

Monsieur le Président,

Par la décision prise par elle en date du 13 janvier 1922 la Commission des Réparations a accordé au Gouvernement allemand un délai provisoire pour le payement des deux échéances du 15 janvier et du 15 février 1922 à condition que le Gouvernement allemand aille, dans les quinze jours, lui soumettre :

a) Un projet de réforme avec des garanties appropriées pour son budget et sa circulation fiduciaire;
b) Un programme complet des payements en espèces et des livraisons en nature pour l'année 1922.

Par la présente le Gouvernement allemand se conforme à cette demande.

I. — Réforme du budget et de la circulation fiduciaire

En surmontant les plus graves difficultés, le Gouvernement allemand ensemble avec le Parlement ont réussi à mener à bonne fin la réforme fondamentale des finances du Reich, œuvre commencée en 1919. Cette réforme, qui impose au peuple allemand de gros sacrifices, a pour but de balancer le budget du Reich. A cette fin on accroît jusqu'à l'extrême les recettes et on réduit de façon on ne peut plus énergique les dépenses. Pour ce qui est de besoins extraordinaires on projette de n'y plus satisfaire exclusivement par l'émission de traites sur le Trésor à court terme, mais, autant que possible, par la voie d'emprunts.

1. *Accroissement des recettes.*

Le rendement total des impôts sur le capital et sur le revenu sera sensiblement accru du chef de l'élargissement du système fiscal allemand qui va résulter du vote des projets de loi soumis, à l'heure qu'il est, à l'approbation du Reichstag (impôt sur la fortune, impôt sur l'accroissement de la fortune, impôt sur la mutation des capitaux et impôt sur les sociétés). On agit de la sorte, encore que les Experts des Gouvernements alliés aient reconnu, dès la Conférence qui a eu lieu à Bruxelles au mois de décembre 1920, que l'imposition du contribuable allemand par la voie des contributions directes ne saurait plus être accrue.

Par suite de la charge grevant la richesse acquise, le contribuable allemand se trouve, dans une mesure bien considérable, être contraint de trancher dans le vif de sa fortune. Cette façon de faire a sur le revenu d'un chacun des contribuables des répercussions telles, que les effets d'une imposition quelconque de la consommation s'en trouvent forcément aggravés. Du chef de la taxe sur le chiffre d'affaires, dont le taux sera majoré de 1 1/2 o/o à 2 o/o, ainsi que du chef de la taxe sur le charbon, pour laquelle le projet de loi prévoit une majoration de 20 o/o à 40 o/o, tant la production que la consommation en Allemagne se trouvent, dans la plus large mesure, soumises à une taxation préalable.

Les projets de loi soumis, à l'heure actuelle, à l'approbation du Reichstag prévoient une majoration très sensible de droits de douane importants et d'importants impôts sur la consommation. Les droits de douane seront perçus sur la base effective de l'or.

Dans ces circonstances, la consommation du peuple allemand, dont le pouvoir d'achat est, de plus, amoindri, se trouve être soumise à un grèvement fiscal total dont la pression égale tout au moins celle de l'ensemble des contributions indirectes auxquelles sont exposés les contribuables d'un autre pays quelconque.

L'exécution des lois fiscales est dorénavant assurée. Nonobstant tous les obstacles, l'œuvre indispensable de la transformation des administrations fiscales respectives des Etats fédérés dans l'administration fiscale centrale du Reich est, en substance, chose faite. Dans une mesure remarquable, la perception des impôts se fait à la source même. Une stricte surveillance administrative a pour effet de rapprocher de plus en plus tant l'assiette que la perception des impôts de la date des déclarations des contribuables.

Des mesures énergiques ont été prises en vue de mettre fin à la fuite des capitaux et aux détournements d'impôts. On a notamment abrogé par la voie législative l'obligation pour les banques de tenir secrètes les affaires de leurs clients; les valeurs déposées auprès des banques sont surveillées par le fisc. Par des conventions internationales (assistance mutuelle de la justice), le Gouvernement allemand cherche à mettre la main sur les capitaux ayant déjà émigré.

Le programme fiscal esquissé ci-dessus dans ses grandes lignes est illustré dans l'Annexe I.

Les majorations imminentes des taux étant chose faite, les tarifs de l'administration des postes et de celle des chemins de fer se trouveront, par rapport aux tarifs du temps d'avant-guerre, avoir été en moyenne majorés comme suit : pour le mouvement des voyageurs par voie ferrée, 15 à 19 fois le taux d'avant-guerre; pour le mouvement des marchandises par voie ferrée, 32 fois le taux d'avant-guerre, et pour le service postal et télégraphique, 21 fois le taux d'avant-guerre.

2. *Réduction des dépenses.*

Des dispositions de la loi budgétaire prévoient des mesures à prendre en vue de réduire le nombre des fonctionnaires.

Suivant un plan spécial, le système des subsides accordés jusqu'ici pour l'abaissement du coût des vivres sera défait au courant de l'exercice 1922. Pendant l'exercice 1921, lesdits subsides se chiffraient par environ 22,5 milliards de mark-papier. A moins d'une nouvelle dépréciation du mark, ils ne nécessiteront plus, pendant l'exercice 1922, que le débours de 1 milliard de mark-papier. A cette fin il interviendra, à partir du 16 février 1922, une nouvelle majoration du prix du pain de 75 o/o.

A l'assistance des sans-travail par des subsides puisés dans les fonds publics il sera substitué, en 1922, une assurance contre le chômage, dont les charges seront pour la plus grosse part supportées par les patrons et les salariés.

Malgré la chute sensible de la valeur de la monnaie nationale intervenue entre temps, les dépenses extraordinaires de la gestion de l'Administration générale du Reich ont été réduites de sorte à ne plus constituer qu'un tiers de celles de l'année précédente; en d'autres mots, elles ne se chiffrent plus que par 3 milliards de mark-papier.

Pour ce qui est de l'administration postale ainsi que de l'administration des chemins de fer, il se poursuit, à l'heure qu'il est, des réformes d'organisation susceptibles de déterminer une baisse des dépenses, en sorte qu'à partir du 1er avril 1922 les dépenses nécessitées par l'exploitation se trouveront être couvertes par des recettes provenant de l'exploitation. Les dépenses extraordinaires ont été limitées à un chiffre des plus modiques. Elles ne constituent que 1/3 o/o de la valeur primitive (capital engagé pour la construction), tandis qu'en temps d'avant-guerre elles en représentaient 3 o/o.

Des dispositions rigoureuses d'un projet de loi soumis à l'approbation du Reichsrat assurent que les projets budgétaires soient conçus dans un esprit d'économie et qu'on s'y conforme strictement.

C'est de cette façon que le projet budgétaire du Reich pour 1922 se solde par un excédent de 16 1/2 milliards de mark-papier à affecter à la couverture des dépenses encourues ou à encourir pour faire face aux besoins généraux du Traité de Paix et aux prestations de réparation. Vis-à-vis d'une somme globale de 86,7 milliards en fait de dépenses courantes il se place un montant de 103,2 milliards en fait de recettes ordinaires.

3. *Réduction de la dette flottante et de la circulation fiduciaire.*

Au courant de l'année 1922, le Gouvernement allemand va essayer d'émettre un emprunt intérieur. La « Sparprämienanleihe » (emprunt à primes) émise fin 1919 et qui était munie de multiples avantages n'a, malgré ceci, fait entrer dans les caisses du Reich que 1,8 milliard en numéraire. Cette émission doit, par conséquent, être considérée par un échec. Ce n'est qu'après que la confiance dans le renouveau économique et financier de l'Allemagne aura été rétablie et qu'après qu'on se sera convaincu de ce que les dispositions du Traité de Versailles ne sauraient porter atteinte au service des intérêts d'un emprunt consolidé du Reich qu'il y aura à nouveau la possibilité d'émettre un emprunt intérieur d'une véritable envergure. Indépendamment de la question de savoir si les titres d'un emprunt libre trouveraient à se placer, le Gouvernement allemand va procéder à l'émission d'un emprunt forcé, dont le rendement est destiné à enrayer la marche de l'accroissement de la dette flottante. Si le Gouvernement allemand s'est résolu à recourir à cette mesure extrême, recours qui ne se prête à aucune répétition, c'était pour être à même de financer, tout au moins pour l'année 1922, les prestations de réparation en se passant autant que possible des services de la planche à billets.

Pour ce qui est du scrupule que le fait, qu'au point de vue juridique la Reichsbank est dépendante du chancelier du Reich, a fait naître dans les esprits des Gouvernements alliés, le Gouvernement allemand va en faire la part. Il soumettra à l'approbation du Reichstag un projet de loi qui, une fois voté, va avoir pour effet d'abroger la faculté dont, au point de vue juridique, jouit, à présent, le chancelier du Reich, à savoir de s'ingérer dans les affaires de la Reichsbank, ou qui, en d'autres mots, aura pour effet de stabiliser l'autonomie de la Reichsbank.

Au sujet de l'ensemble des mesures destinées à assurer l'assainissement des finances du Reich, les autres pièces annexées à la présente donnent les renseignements nécessaires.

La réalisation de toutes ces mesures envisagées constitue la garantie de ce qu'en vue de réduire la dette flottante et faire cesser le travail de la planche à billets; le Gouvernement allemand fait et fera tout ce à quoi il y a équitablement lieu de s'attendre.

Au surplus, le Gouvernement allemand fera le nécessaire afin qu'à l'avenir des statistiques exactes relatives à la situation tant financière qu'économique de l'Allemagne soient nouvellement publiées, tout comme au temps d'avant-guerre.

II. — Programme des prestations a effectuer en 1922.

La réforme exposée plus haut du budget du Reich constitue la garantie de ce qu'on sera à même de faire face aux obligations financières internes. Elle ne saurait, cependant, avoir pour effet un sain financement des prestations à effectuer pour les buts des réparations.

En fait de recettes il n'entre en substance dans les caisses du Reich que de la monnaie fiduciaire, moyennant laquelle il est impossible — étant donné la dépréciation presque complète du mark — d'effectuer des versements de mark-or pour les réparations.

A différentes reprises déjà, et pour la dernière fois à Cannes, le Gouvernement allemand a fait voir de façon détaillée quelles sont les causes de la dégringolade du mark, causes qui sont aussi à la base du fait qu'en dépit des plus grands efforts, l'Allemagne est, par le temps qui court, dans l'impossibilité d'effectuer l'ensemble des prestations de réparation. Les facteurs principaux qui déterminent cette incapacité sont les suivants :

En fait de matières premières l'Allemagne — abstraction faite de charbons — ne possède plus que peu. On a dû constater une diminution sensible de la productivité générale, notamment de celle des exploitations agricoles. Les besoins indispensables en fait de matières premières et de denrées alimentaires à importer se montent à 5 milliards de mark par an (2 1/2 milliards chacun). La valeur globale des exportations, qui, en 1913, se chiffrait par 10 milliards de mark-or en chiffres ronds, a accusé une baisse qui l'a réduite à environ 4 milliards de mark-or. Compte étant tenu de la hausse universelle des prix du marché mondial, cette baisse équivaut à dire que les exportations présentes ne représentent plus qu'un peu plus d'un quart des exportations d'avant-guerre.

Le bilan des payements est, par le temps qui court, passif pour un montant d'environ 2 milliards de mark-or. Un bilan des payements de nature passive empêche le mark de se stabiliser de façon durable.

Dans ces circonstances chaque versement quelque peu considérable en devises étrangères entraîne un nouvel ébranlement de la cote du mark; en même temps, un tel versement détermine une dépréciation de toutes les recettes internes, fait augmenter toutes les dépenses, ajoute à l'inflation et affaiblit de plus en plus, par là même, la capacité de l'Allemagne d'effectuer des prestations de réparation. A contempler le problème des réparations sous l'angle visuel de l'économie politique, on finira forcément par voir qu'il s'impose d'exonérer l'Allemagne pour un espace de temps assez prolongé, tout au moins pour la totalité de l'année 1922, de l'obligation de faire pour les réparations des versements quelconques en numéraire.

Le Gouvernement allemand, toutefois, ne se refuse pas à reconnaître qu'étant donné l'état des choses actuel, il lui faut, afin de pouvoir tenir compte des nécessités d'ordre politique, repousser sur le deuxième plan les scrupules, même les plus graves, touchant la vie économique et les finances du Reich.

Le Gouvernement allemand n'est pas sans savoir que du côté allié les chiffres suivants ont été envisagés à Cannes pour les prestations de l'Allemagne pour les buts des réparations au courant de l'année 1922 :

720 millions de mark-or en fait de versements en espèces;

Jusqu'à concurrence de 1 450 millions de mark-or en fait de prestations en nature.

Le Gouvernement allemand estime être tenu de faire ressortir que, même après la réalisation de la réforme de ses finances internes, il ne saurait, pour une bonne part, réunir les fonds requis pour l'effectuation de prestations tellement fortes, qu'en ayant recours à une augmentation de la dette flottante, et que, eu égard à ceci, force lui est de prier les Alliés de bien vouloir fixer pour les versements en espèces incombant à l'Allemagne, des chiffres moins forts, au besoin, en augmentant en revanche le volume des livraisons en nature.

De quelque manière que les prestations de réparation pour l'année 1922 doivent être fixées, le Gouvernement allemand, à la suite des pourparlers préliminaires, propose pour les modalités de l'effectuation le programme suivant :

a) Les versements en espèces ainsi que les prestations en nature déjà effectués et encore à effectuer pour faire face aux échéances du 15 janvier et du 15 février 1922 seront imputés sur les sommes à fixer. Les versements en espèces encore à effectuer, en conséquence, au courant de l'année 1922, seront répartis uniformément sur chacun des mois de l'année 1922;

b) Les frais nécessités par les armées d'occupation et remboursables en monnaies étrangères seront imputés sur la totalité des prestations de l'année 1922. Les contributions aux frais des armées d'occupation à verser en mark-papier seront sensiblement réduites;

c) Le reste des obligations financières découlant du Traité de Paix auxquelles il faut satisfaire moyennant des versements en monnaies étrangères, notamment les charges pécuniaires résultant des opérations de vérification et de compensation (Clearing), sera, par la voie d'accords spéciaux, réduit de sorte à être supportable.

En ce qui concerne les prestations en nature, l'Allemagne renouvelle l'expression de son empressement de collaborer de toutes ses forces, et en se servant de tous les moyens possibles, à l'œuvre de la reconstitution des régions dévastées. C'est en s'inspirant de cette idée-là qu'on a conclu l'accord de Wiesbaden. Le Gouvernement allemand est disposé à conclure avec d'autres puissances alliées des conventions relatives à des livraisons en nature.

En fixant le volume total des prestations en nature,

il ne faut pas perdre de vue que, pour autant que l'effectuation en nécessite le recours à des matières premières étrangères, ces prestations nécessitent elles aussi des versements en or. Le Gouvernement allemand a l'honneur de prier les Gouvernements alliés de bien vouloir fixer le volume des livraisons en nature, séparément pour chaque pays intéressé, et de bien vouloir n'en exiger l'effectuation qu'en tant qu'ils seront effectivement en mesure de les utiliser au courant de l'année 1922.

III

Le Gouvernement allemand est d'avis que le règlement des prestations allemandes pour les buts des réparations pendant la seule année 1922 ne constitue que le premier pas dans la voie conduisant à la solution du problème des réparations. Le programme pour l'année 1922 repose sur un système dont les effets — comme les expériences qu'on vient de faire l'ont démontré — portent une atteinte sensible à la capacité de l'Allemagne de réparer. Des versements en monnaies étrangères à effectuer périodiquement, à savoir, mensuellement ou trimestriellement, pour les buts des réparations, empêchent l'Allemagne d'assainir ses finances. Il paraît, par conséquent, s'imposer, dans l'intérêt de tous les pays intéressés, de prendre soin — en s'appuyant sur une base différente et en envisageant un espace de temps plus prolongé — de mettre l'Allemagne à même d'effectuer les prestations de réparation. Et il conviendrait de procéder de la sorte très promptement, étant donné que l'incertitude au sujet de la question de savoir comment l'Allemagne pourra, à partir de l'année 1923, s'acquitter de ses engagements, fait sentir ses effets paralysants sur la situation respective tant économique que financière, non seulement de l'Allemagne, mais aussi bien des pays alliés.

Ce n'est qu'à condition qu'on recoure au crédit interne comme au crédit de l'étranger pour mener à bonne fin des opérations financières de grande envergure que l'Allemagne sera en mesure d'effectuer l'œuvre de la réparation. Par le temps qui court, toutefois, ni les capitalistes allemands ni les capitalistes étrangers désireux de placer leurs fonds ne reconnaissent que l'Allemagne soit digne de crédit. C'est une méfiance universelle qui se fait sentir, tout le monde doutant que l'Allemagne aille être à même de se refaire, dans les circonstances actuelles, une armature économique suffisante pour pouvoir passer pour un débiteur solvable d'un emprunt contracté sur large échelle pour les buts des réparations. Rétablir la confiance du monde dans la solvabilité de l'Allemagne c'est la prémisse indispensable pour une solution satisfaisante du problème.

C'est pourquoi le Gouvernement allemand prie la Commission des Réparations de bien vouloir prêter à ces considérations une attention toute particulière, afin qu'il puisse être trouvé une voie où il suffise de s'engager pour réussir à rétablir le crédit de l'Allemagne tant auprès de ses propres ressortissants qu'à l'étranger et afin qu'une coopération internationale rende possible l'émission d'un emprunt de grande envergure pour les buts des réparations.

Veuillez agréer, Monsieur le Président, l'assurance de ma très haute considération.

Signé : WIRTH.

ANNEXE I

A. — Système fiscal

1. *Contributions directes.*

D'après le paragraphe 12, alinéa 2 *b* de l'Annexe II à l'Article 233 du Traité de Versailles, le contrôle de la Commission des Réparations, quant à la capacité de payement de l'Allemagne, a pour but d' « acquérir la conviction qu'en général le système fiscal allemand est tout à fait aussi lourd, proportionnellement, que celui d'une quelconque des Puissances représentées à la Commission ». En vue d'équilibrer autant que possible le budget des charges extérieures et intérieures de l'Allemagne, l'on avait, en 1919 déjà, augmenté les contributions directes, dans des proportions telles qu'à la Conférence de Bruxelles de 1920, les Experts des Puissances alliées avaient exprimé le jugement que « les tarifs actuels des contributions directes avaient atteint leur maximum, et l'on devrait même constater que, dès que les rôles seraient en ordre et que les impôts auraient donné leur plein rapport, il faudrait, dans l'intérêt du résultat fiscal, qui est intimement lié à la prospérité économique de l'Allemagne, envisager une diminution de certaines contributions directes, et notamment de celles qui pèsent sur le commerce et sur l'industrie ». Depuis, le Gouvernement allemand, reconnaissant la nécessité d'atteler toute la vie économique allemande aux prestations de réparation, a continué à étendre le système fiscal en général, y compris les contributions directes. Ce travail était présidé par le principe qu'il fallait adapter le système de 1919 aux nouvelles situations et l'améliorer de façon que les sommes nécessaires au budget fussent autant que possible assurées dans l'avenir. C'est à ce but que servent spécialement les projets de loi actuellement soumis au Reichstag : impôt sur la fortune, impôt sur l'accroissement de la fortune, taxe sur les mutations à titre onéreux des meubles, lesquels, ajoutés à l'impôt déjà existant sur les successions, constituent l'imposition la plus radicale de la richesse acquise, que le monde ait jamais connue. La sous-annexe I donne des renseignements plus précis sur l'ensemble des mesures fiscales de l'Allemagne. Il ne sera guère besoin de démontrer en détail que ces impôts sur la richesse acquise sont considérablement supérieurs à ceux des pays représentés dans la Commission des Réparations. Ces impôts, et notamment l'impôt permanent sur la fortune, diminuent tellement les ressources des contribuables, qu'il n'est pas possible de ne pas en tenir compte, quand on considère comment l'on frappe les revenus en Allemagne, comparativement aux pays représentés dans la Commission des Réparations. L'importance des mesures fiscales de l'Allemagne est surtout mise en lumière, quand on se représente que, même sans tenir compte des premières charges indiquées ci-dessus, et de celles de l'impôt de corporations (impôts sur les revenus des Sociétés) l'impôt sur le revenu privé est plus fort en Allemagne que dans tous les autres Etats. En ce qui concerne la France et l'Angleterre, les tableaux joints à la sous-annexe 2, qui ont déjà en partie été communiqués par la Commission allemande des charges de guerre, dans sa Note du 19 janvier 1922, No. K. 69 (1) ont

(1) Voir page 93.

fourni la preuve de cette constatation. (Ces explications sont étendues à l'Angleterre. Voir texte, p. 112 et 113. L'on a essayé, dans les tableaux, d'arriver à des données réellement comparables, en tenant compte, dans le calcul des charges, de la puissance d'achat à l'intérieur des pays au sujet desquels les comparaisons sont faites. L'on a admis ici comme chiffre d'augmentation pour l'Allemagne 2 067, pour la France 354, et pour l'Angleterre 182. Ces chiffres répondent aux index des prix du grand commerce en septembre 1921. Quand même le prix du grand commerce ne constitue pas sans plus un point de repère général pour la puissance d'achat de l'argent à l'intérieur du pays, il influence néanmoins sérieusement par ses mouvements le niveau général des prix et finit par le dominer. Quoi qu'il en soit, on arrive ainsi à des résultats plus certains que par une comparaison dans laquelle les contributions sont converties au cours du jour dans la monnaie d'un pays qui n'est pas secoué par les variations de la valuta, comme par exemple le dollar américain. Etant donné l'élasticité des cours des devises et les différences énormes entre la puissance d'achat intérieure et extérieure de l'argent, cette méthode est impraticable. Du reste, si on l'appliquait non seulement aux sommes de contribut, mais encore aux fortunes et aux revenus contribuables, les tarifs allemands paraîtraient comparativement être encore plus élevés.

Si l'on prend pour base les Index du grand commerce, la dépréciation de l'argent en Allemagne est 6 fois plus grande qu'en France et 11 fois plus grande qu'en Angleterre. Vu que 1 franc-or valait environ 0,80 mark-or, et 1 schilling-or environ 1 mark-or, en tenant compte de la dépréciation de l'argent, 1 franc-papier vaut 5 mark-papier et 1 schilling-papier vaut 11 mark.

papier. C'est cette proportion qui sert de base aux tableaux annexés. Ces tableaux toutefois ne donnent plus une image tout à fait exacte de la rigueur avec laquelle les revenus particuliers sont soumis à l'impôt en Allemagne, car, depuis septembre 1921 la puissance d'achat de l'argent a de nouveau fait une chute rapide, et, par exemple, en novembre 1921, le chiffre de cherté atteignait 3 416. Si l'on voulait prendre pour base ce chiffre, le poids de l'imposition serait encore plus fort, en comparaison avec l'Angleterre et avec la France.

Les tableaux annexés sont établis sur la base de la loi du 20 décembre 1921, qui a apporté la dernière modification à l'impôt sur le revenu en Allemagne. Cette modification résultait de nécessités économiques. La loi concernant l'impôt sur le revenu, de l'année 1920, déposée en 1919, envisageait un mark, dont on pensait que la puissance d'achat à l'intérieur était diminuée passagèrement, mais qui, à la longue, retrouverait sa puissance des temps de paix. C'est d'après ce tarif, qu'à la Conférence de Bruxelles, les Experts des Alliés ont émis leur jugement sus-mentionné au sujet du système fiscal de l'Allemagne. Depuis 1919 jusqu'en septembre 1921, la puissance d'achat du mark allemand est tombée à moins du vingtième du temps de paix. Dans ces conditions, le maintien de l'ancien tarif aurait eu comme conséquence que, par exemple, un revenu, possédant encore une puissance d'achat de 5 000 mark du temps de paix, aurait été imposé, comme s'il valait 100 000 mark. Afin d'éviter une pareille surcharge, que l'on eût pu imposer pour des raisons économiques, sociales et psychologiques, le Reichstag a pris l'initiative de changer le tarif en ce sens que l'impôt sur le revenu serait, tout au moins dans une certaine mesure, correspondant à la puissance d'achat du revenu. Toutefois cette mesure n'a pu être appliquée qu'incomplètement; par conséquent, aujourd'hui le tarif de 1921 est encore plus dur que celui de 1919-1920. Les tableaux de comparaison annexés montrent également le degré de sévérité avec lequel le tarif des impôts a été maintenu en Allemagne.

En voici un exemple. En Allemagne, un contribuable célibataire, qui a un revenu de 30 000 mark composé de salaires ou de traitement, paie 2 200 mark de contributions directes, c'est-à-dire que seul l'impôt sur le revenu grève son revenu de 7,4 o/o. Si, tenant compte de la dépréciation, l'on convertit ce revenu en francs ou shillings, il se fait qu'une personne possédant en France ou en Angleterre un revenu de la même puissance intérieure d'achat n'a pas à payer d'impôt sur le revenu. (Cf. Sous-Annexe 2.) En cas d'un revenu de travail de 100 000 mark, si le contribuable est célibataire et dépasse 30 ans, en Allemagne il aurait à payer un impôt de 15 500 mark, tandis qu'en France il ne payerait, sur un revenu de même valeur d'achat, que 1 100 francs et en Angleterre 945 shillings, ce qui, en Allemagne, représente 15,5 o/o en France 5,55 o/o et en Angleterre 10,50 o/o. Si le contribuable est marié et a deux enfants, l'impôt en Allemagne sera de 14 780 mk., en France de 809 frcs et en Angleterre de 351 sh., soit 14,78 o/o, 4,05 o/o et 3,90 o/o. Si l'on compare la charge d'un bénéfice industriel dans les deux pays, il se fait qu'un chef d'industrie célibataire possédant un revenu de 1 000 000 de mark, paye en Allemagne 385 000 mark d'impôts sur le revenu, tandis qu'en France il ne payerait que 50 745 frcs et en Angleterre 30 065 sh., c'est-à-dire, 38,55 o/o contre 25,37 o/o et 33,41 o/o. Si le contribuable est marié et père de deux enfants, le pourcentage de sa charge est en Allemagne de 38,55, en France de 20,15 et en Angleterre de 32,39 o/o.

2. *Impôts de consommation, taxes de transport et douanes.*

La charge que les impôts sur la fortune font peser sur le contribuable allemand ne peut pas être perdue de vue quand l'on envisage les impôts de consommation. Le système fiscal en général trouve ses limites naturelles dans la capacité économique de celui qui en fin de compte supporte les contributions. C'est le consommateur qui est atteint par les effets des contributions tant directes qu'indirectes, y compris les droits de douane.

Il en résulte que toute comparaison de charges fiscales, se limitant à des impôts de consommation ou même à certains d'entre eux doit nécessairement conduire à des erreurs. La valeur relative d'un chiffre moyen de charges fiscales, obtenu de cette façon saute aux yeux, quand l'on sait combien différemment un tel chiffre doit être apprécié, d'après que, dans les pays de comparaison, la consommation par tête d'objets de consommation frappés d'impôts, est plus ou moins grande. La misère économique a considérablement fait baisser en Allemagne la consommation générale, comparativement au temps de paix. C'est pourquoi le fait d'un rendement moins grand des impôts de consommation par tête d'habitant ne permet pas de conclure à une imposition moins forte, mais simplement à une consommation plus faible et à une situation économique moins bonne du contribuable.

En outre, la consommation d'articles d'une nature déterminée n'est pas régie partout par les mêmes conditions. Dans des pays riches et favorisés par le climat, certains produits alimentaires, autres que ceux de première nécessité, et qui servent à maintenir l'esprit laborieux et le rendement du travail de la population ouvrière, sont facilement accessibles aux particuliers. L'Allemagne par contre est pauvre en produits de ce genre. Elle est donc obligée, précisément dans l'intérêt du rendement du travail, qui profite aussi aux payements des réparations, de permettre une certaine consommation de pareils produits, lesquels sont imposés de manière à ne pas empêcher l'usage au peuple. A la suite de la perception en or de tous les droits de douane, cette consommation se limite nécessairement à la consommation de fabrications indigènes. Ainsi, d'après les propositions du Gouvernement, le café, le thé et le cacao sont frappés de façon presque prohibitive pour des cercles étendus de la population. La consommation de tabacs importés est étranglée par le change et par les douanes.

Aux objections économiques générales contre une comparaison distincte des taxes de consommation, s'ajoute la considération qu'une comparaison justifiée en soi, de contributions données, ne peut amener des résultats pratiques, puisqu'en Allemagne l'impôt de 40 o/o sur le charbon et l'impôt de 2 1/2 o/o sur le chiffre d'affaires constituent une première charge énorme de toute la consommation et de toute la production, tandis que l'impôt sur le charbon est inconnu en général dans les pays de comparaison, et que la taxe sur le chiffre d'affaires n'existe point en Angleterre, et, en France, en Belgique et en Italie, n'approche pas de loin celle appliquée en Allemagne.

En tenant compte des projets de loi soumis en ce moment au Reichstag (Cf. Sous-Annexe I) et de la perception en or des droits de douane, l'on peut dire que l'Allemagne a poussé aussi loin que possible l'imposition de la consommation.

Ce qui précède permet de dire que les charges fiscales d'un pays ne peuvent être exactement calculées, que si l'on établit, d'une façon non douteuse, le revenu moyen des particuliers, quels sont les impôts directs et indirects qui grèvent ce revenu, et ce qui, déduction faite de ces charges, reste pour vivre au contribuable. L'on ne possède pour le moment, ni en Allemagne, ni dans les pays de comparaison, des données certaines concernant le revenu moyen. Tous les efforts des Experts des Alliés pour établir à cet égard des calculs sur des bases à l'abri de reproche, n'ont amené aucun résultat. Ces chiffres n'existent pas non plus en Allemagne. En ce qui concerne spécialement la façon dont on a obtenu le chiffre moyen de revenu en Allemagne et en France, il faudrait tenir compte de la circonstance que, d'après l'âge moyen en Allemagne, le nombre des rentiers indépendants vis-à-vis de la population générale, est moins grand en Allemagne qu'en France, et que, étant donné la forte empreinte agricole de la France, le salaire réel, qui ne s'exprime pas, d'après sa valeur réelle, en un salaire nominal, joue en France un plus grand rôle qu'en Allemagne.

Abstraction faite des constatations allemandes, les chiffres du Secrétariat de la Société des Nations et ceux des Experts français montrent comment se produisent ces résultats différents dans le calcul du revenu moyen. Le Secrétariat de la Société des Nations établit le revenu moyen en France à 3 200 francs, en Allemagne à 3 900 mark, tandis que les Experts français arrivent à 2 700 francs en France et 5 200 mark en Allemagne. Ces calculs sont établis pour l'exercice 1921. Si l'on transporte ces chiffres à l'exercice 1922, il y aura lieu de tenir compte de la circonstance, qu'à la suite de la continuation de l'inflation en Allemagne, il faudra envisager une moyenne de revenu nominalement supérieure en Allemagne. Il faut admettre que cette augmentation, quoiqu'en fait elle sera inférieure, sera d'un tiers pour les revenus en général, et par conséquent d'un tiers du revenu moyen. Il en résulte, pour l'exercice 1922, en tenant compte des recettes totales des impôts, en Allemagne, 97 328 milliards, et en France, 18 milliards, le calcul suivant :

a) Sur la base des chiffres de la Société des Nations :

Revenu du peuple en Allemagne : 312 milliards de mark.

Revenu du peuple en France : 128 milliards de francs.

Soit en Allemagne une proportion de 30,77 o/o.
— France — 14,06 —

b) Sur la base des chiffres des Experts français :

Revenu du peuple en Allemagne : 416 milliards de mark.

Revenu du peuple en France : 108 milliards de francs.

Soit en Allemagne : 23,07 o/o d'impôts.
— France 16,66 o/o —

Dans les deux cas la charge proportionnelle que les impôts font peser sur les revenus du pays est donc beaucoup plus forte en Allemagne qu'en France.

Si l'on examine ce que, après déduction des impôts,

l'Etat laisse pour vivre aux particuliers, l'on constate, en tenant compte de la puissance d'achat, à l'intérieur, de l'argent (1 fr. = 5 mk.) :

a) D'après les chiffres de la Société des Nations : à l'Allemand 3 578 mark, au Français 2 749 francs = 13 745 mark;

b) D'après les chiffres des Experts français : à l'Allemand 5 311 mark, au Français 2 249 francs = 11 225 mark.

B. — Exécution des lois fiscales

a) *Situation de l'établissement des rôles et de la perception.* — L'organisation de l'Administration fiscale qui, dans l'intérêt d'une application également sévère dans toutes les parties du pays, a dû être enlevée aux Etats, pour être confiée au Reich, a été poussée énergiquement par le Gouvernement. L'on comprend que des difficultés extraordinaires devaient accompagner l'exécution des lois fiscales en Allemagne, puisqu'un personnel devait être organisé à cet effet et que l'augmentation des contributions a entraîné un surcroît de travail. Des difficultés analogues se présentent aussi dans d'autres pays, qui n'ont développé que quelques points de leur système fiscal et n'ont pas été amenés à des transformations aussi radicales de leurs organismes. L'Administration fiscale a réussi, à peu près, à établir régulièrement les rôles des principales contributions courantes. Par un effort extraordinaire de toutes les forces de l'administration, l'on est parvenu à établir dans les points essentiels, après l'achèvement des préparatifs nécessaires des grandes taxes extraordinaires pour 1919, les rôles définitifs de l'impôt sur les revenus pour 1920.

La perception de ces impôts suivra immédiatement, et, d'après les prescriptions de la loi de l'impôt sur le revenu, les rôles de 1920 serviront de base aux payements à valoir pour les exercices suivants. Ainsi tous les revenus, les salaires, par la voix des déductions, et les autres revenus, par le moyen des payements à valoir, seront réellement frappés pour les contributions courantes. L'établissement des rôles de l'impôt sur le revenu pour l'exercice 1921 suivra immédiatement : il sera prêt au plus tard mi-1922. A partir de cette date, l'on peut compter sur un développement régulier et normal de l'établissement des rôles. C'est également le cas pour l'impôt sur le chiffre d'affaires, lequel, depuis quelque temps déjà, est régulièrement arrêté et perçu, et auquel, d'après le projet de loi soumis au Reichstag, les payements courants à valoir seront également applicables. D'après sa nature même, la taxe sur le charbon est liée à la situation des choses soumises à cet impôt (consommation propre, remise aux consommateurs). Aussi son rendement est-il garanti.

Etant donné l'effort considérable qui, aujourd'hui déjà, est exigé des employés, il est indispensable, au point de vue du bon fonctionnement à l'avenir de l'appareil administratif, que ces employés ne soient plus surchargés de nouveaux travaux, et qu'on leur laisse le temps de s'occuper des contributions existantes. La législation fiscale de l'Etat allemand doit donc être dominée par le principe que l'on ne peut créer que de telles lois fiscales, dont l'exécution dans le temps prescrit par la loi même est garantie.

L'Administration fiscale n'a revendiqué pour elle-même qu'une part minime du produit des impôts. Ainsi qu'il résulte de la Sous-Annexe 3, sur l'ensemble des contributions, l'Administration n'a eu besoin pour elle-même que de 3,5 o/o. L'Administration des Douanes exige pour ses besoins 5,8 o/o des recettes, il faut tenir compte ici que cette Administration est chargée du maintien de la protection des frontières au point de vue fiscal et économique (exécution des défenses d'importation et d'exportation). Même en tenant compte des taxes uniques, la charge par l'Administration fiscale n'est que de 3,7 o/o et celle de l'Administration des Douanes de 6,4 o/o des recettes, de sorte que les frais de l'Administration ne s'élèvent en moyenne qu'à 4,4 o/o.

b) *Renforcement des mesures de mainmise.* — La lutte contre les fraudes et tromperies en matière d'impôts est énergiquement continuée, et tous les moyens que la loi générale d'impôt met à la disposition de l'Administration sont mis en œuvre. L'on a, dans ce but, unifié ou établi des mesures de surveillance de police financière, un service d'informations et de recherches en matière fiscale. L'on s'applique, avec l'attention la plus soutenue, au contrôle de la comptabilité et des exploitations des contribuables, lequel exige l'intervention d'un grand nombre de techniciens, chargés de découvrir les fautes commises dans les déclarations. L'Administration des Finances s'occupe de développer cette surveillance par l'établissement d'un Office central de contrôle, qui profitera des expériences faites, et de l'enseignement théorique et pratique de ses employés. Les mesures de surveillance fiscale dans le domaine de la taxe sur le chiffre d'affaires ont les mêmes buts.

C. — La lutte contre la fuite des capitaux

La Sous-Annexe 4 donne un aperçu précis de l'état de la législation en cette matière ainsi que des mesures administratives qui ont été prises. Le Gouvernement allemand s'est toujours évertué à atteindre, dans la mesure de ses obligations fiscales et pour alléger les charges générales, le capital allemand à l'étranger.

La Conférence financière de Bruxelles a jugé qu'il était désirable d'établir un accord international, tendant à garantir que chaque citoyen paye complètement ses contributions, et à éviter un double emploi. Le Gouvernement allemand a déjà, depuis 1919, travaillé dans ce but. La paragraphe 7 de la loi organique fiscale a donné au Gouvernement les moyens légaux de le faire. Il s'est donc mis en rapport avec la plupart des Gouvernements étrangers en vue de conclure des traités ayant pour but d'éviter les doubles emplois, de s'assurer une aide réciproque en matière d'impôt, notamment pour leur perception, et en ce qui concerne la fuite des capitaux et la contraction aux impôts. Un traité de ce genre a été conclu dernièrement avec la République tchéco-slovaque. Le formulaire d'une telle convention se trouve à la Sous-Annexe.

SOUS-ANNEXE I

DÉVELOPPEMENT DU SYSTÈME FISCAL EN ALLEMAGNE

LES IMPÔTS EN ALLEMAGNE D'APRÈS LES NOUVEAUX PROJETS DE LOI

Rendement des impôts du Reich d'après le projet de loi portant fixation du budget de l'Administration Générale des Finances de l'exercice 1922.

Désignation des revenus.	Total en mark.
1. Impôt sur le revenu	23 000 000 000
2. — sur les corporations	4 000 000 000
3. — sur le revenu des capitaux mobiliers	1 530 000 000
4. Prélèvement sur la fortune (Sacrifice à la détresse de l'Empire — Reichsnotopfer).	8 000 000 000
5. Impôt sur l'enrichissement (Besitzsteuer).	20 000 000
6. — sur les successions	700 000 000
7 *a*) Impôt sur le chiffre d'affaires (non compris l'impôt sur les restaurants de luxe).	24 000 000 000
b) Impôt sur les restaurants de luxe . . .	500 000 000
8. Impôt sur les mutations d'immeubles . .	550 000 000
9. — des capitaux mobiliers :	
a) Impôt sur les sociétés.	1 067 350 000
b) — sur les valeurs mobilières . . .	117 850 000
c) — sur les opérations de bourse . .	1 075 300 000
d) — sur les conseils d'administration.	50 300 000
e) — sur l'acquisition de fonds de commerce	50 000 000
10. Impôt sur les automobiles	125 000 000
11. — sur les assurances	380 000 000
A reporter. . . .	65 165 800 000

Désignation des revenus.	Total en mark.
Report. . . .	65 165 800 000
12. Impôt sur les paris mutuels et les loteries :	
a) Impôt sur les paris mutuels.	215 000 000
b) — sur les loteries.	60 000 000
13. Droit de timbre sur les effets de commerce.	30 000 000
14. Droit de timbre sur les documents relatifs aux transports.	100 000 000
15. Impôt sur le transport des voyageurs et des marchandises :	
a) Impôt sur le transport des voyageurs.	1 000 000 000
b) — sur le transport des marchandises.	1 600 000 000
16. Impôt sur la plus-value des immeubles. .	»
Total a).	68 170 800 000
17. Taxe de guerre sur l'accroissement de la fortune	»
18. Taxe de guerre extraordinaire pour l'année 1919	»
19. Taxe de guerre extraordinaire pour l'année 1918	»
20. Taxe additionnelle à la taxe de guerre extraordinaire de 1916	»
21. Taxe de guerre 1916	»
22. — sur l'enrichissement d'après-guerre.	3 000 000 000
Total b).	3 000 000 000
23. Douanes.	7 000 000 000
24. Impôt sur le charbon.	10 150 000 000
25. — sur le tabac	3 500 000 000
26. — sur la bière	1 000 000 000
27. — sur le vin.	500 000 000
28. — sur les vins mousseux	100 000 000
29. — sur les eaux minérales	60 000 000
A reporter. . . .	22 310 000 000

Désignation des revenus.	Total en marks.
Report . . .	22 310 000 000
30. Produit du monopole de l'alcool	1 748 000 000
31. Impôt sur l'acide acétique	47 200 000
32. — sur le sucre.	1 000 000 000
33. — sur le sel	60 000 000
34. — sur les appareils d'allumage . . .	110 000 000
35. — sur les appareils d'éclairage . . .	60 000 000
36. — sur les cartes à jouer.	10 000 000
37. Droits de statistique	12 000 000
38. Produit du monopole des matières édulcorantes.	100 000 000
39. Droits d'exportation — en tant que prélevés par l'Administration de la douane.	700 000 000
Total	26 157 200 000
Total (1)	97 328 000 000

I. — Impôts directs et impôts sur les transactions

1. *Impôt sur le revenu.*

En 1914 l'impôt sur le revenu était perçu par les Etats confédérés. Les taux de l'impôt et le taux maximum variaient suivant les Etats confédérés, allant jusqu'à 4 o/o

(1) Le compromis fiscal des partis du Reichstag au sujet des projets de loi qui lui sont soumis, à l'heure actuelle (voir le discours du Chancelier dans la séance du Reichstag, le 26 janvier 1922) aura vraisemblablement pour effet que la taxe — mentionnée sous le N° 22 — ne sera pas votée et que, en outre les projets du Gouvernement subiront certaines modifications. Aucune modification ne sera apportée de ce chef au rendement total des impôts prévu dans le budget, puisque les évaluations remontent à une date antérieure et ont été largement dépassées depuis lors par suite de la dépréciation croissante de la monnaie.

environ. En tenant compte des centimes additionnels perçus au profit des communes et des corporations de l'administration autonome, la charge totale était de 8 à 9 o/o.

Législation en vigueur : Impôt du Reich sur le revenu. Loi du 29 mars 1920 — modifiée par les lois du 31 mars 1920 — 21 juillet 1920 — 24 mars 1921, 20 décembre 1921 et par la loi du 11 juillet 1921 relative à l'imposition des salaires et traitements.

Toute personne physique est assujettie à l'impôt.

Le taux de l'impôt s'élève de 10 à 60 o/o.

Chaque contribuable a droit tant pour lui-même que pour sa femme à une réduction de l'impôt de 240 mark, si son revenu imposable ne dépasse pas 50 000 mark, et de 360 mark pour chaque enfant mineur, si son revenu imposable ne dépasse pas 200 000 mark. La réduction pour la femme et pour les enfants mineurs n'est accordée régulièrement qu'en tant que ceux-ci ne sont pas eux-mêmes imposables à l'impôt sur le revenu.

2. *Impôt sur les corporations.*

En 1914 l'impôt sur les corporations rentrait en partie dans les impôts sur le revenu perçus par les Etats confédérés.

Législation en vigueur : Loi du 30 mars 1920 soumettant à l'impôt les personnes morales ainsi que les corporations incapables etc., en raison de leur revenu annuel.

Le taux de l'impôt est de 10 o/o de la totalité du revenu imposable.

Les sociétés productrices de bénéfices (Erwerbsgesellschaften), en particulier les sociétés par actions, sociétés à responsabilité limitée et les sociétés d'exploitation minière sont assujetties à une taxe additionnelle de 2 à 10 o/o des dividendes distribués.

Un projet de loi portant modification de la loi relative à l'impôt sur les corporations, propose notamment de porter à 30 o/o le taux de la taxe pour les sociétés productrices de bénéfices.

3. *Impôt sur le revenu des capitaux mobiliers.*

En 1914 un impôt sur le revenu des capitaux mobiliers était perçu par certains Etats confédérés avec centimes additionnels au profit des communes. Le taux de l'impôt variait de 1/2 à 4 o/o.

Législation en vigueur : Loi du 29 mars 1920 relative à l'impôt sur le revenu des capitaux mobiliers, frappant au profit du Reich tous les revenus provenant de capitaux mobiliers, y compris les intérêts provenant des emprunts du Reich et des États confédérés.

Le taux de l'impôt est de 10 o/o.

4. *Impôts sur la fortune et sur l'accroissement de la fortune.*

I. En 1914 étaient établis :

En *Prusse* et dans un grand nombre *d'autres Etats confédérés :*

a) Un impôt annuel sur la fortune complétant l'impôt sur le revenu et qui, à cause des taux peu élevés, pouvait régulièrement être acquitté sur le revenu.

Dans *l'Empire :*

b) La Contribution militaire extraordinaire (loi du 3 juillet 1913), dont le taux s'élevait de 0,15 o/o pour la fraction de la fortune ne dépassant pas 50 000 mark jusqu'à 1,5 o/o pour les fortunes supérieures à 10 millions de mark, et

c) L'impôt sur l'enrichissement (voir n° 5).

II. Depuis 1914 ont été établis les impôts suivants perçus au profit de l'Empire :

A. *Taxes extraordinaires de guerre.*

a) Taxe de guerre de 1916 (voir n° 21).

Soumettant à l'impôt l'accroissement de la fortune survenu dans l'intervalle du 31 décembre 1913 au 31 décembre 1916 et la fraction de la fortune dépassant les 90 o/o de la fortune établie lors de la dernière assiette de l'impôt sur l'enrichissement, ainsi que les bénéfices de guerre des personnes morales en raison des profits excédant le bénéfice normal.

Le taux de l'impôt s'élevait de 5 o/o à 30 o/o pour les personnes physiques et à 1 o/o pour les personnes morales.

b) Taxe additionnelle de 20 o/o à la taxe extraordinaire de guerre de 1916.

c) Taxe de guerre extraordinaire pour l'année 1918 (voir n° 19) comprenant un prélèvement de 5 à 50 o/o (montant jusqu'à 60 o/o pour les sociétés) sur les bénéfices extraordinaires, c'est-à-dire sur la différence entre les bénéfices en temps de paix et en temps de guerre, et un prélèvement de 1 à 5 o/o sur l'ensemble de la fortune.

B. *Taxes extraordinaires d'après-guerre.*

a) Taxe de guerre extraordinaire pour l'année 1919 (voir n° 18) établissant un prélèvement de 5 à 70 o/o (allant pour les sociétés jusqu'à 80 o/o) sur les bénéfices exceptionnels ou supplémentaires.

b) Taxe de guerre sur l'accroissement de la fortune (voir n° 17) établissant un prélèvement de 10 à 100 o/o sur l'enrichissement survenu entre le 31 décembre 1913 et le 30 juin 1919.

III. *Législation en vigueur* : Sacrifice à la détresse de l'Empire (Reichsnotopfer). Loi du 31 décembre 1919, modifiée par les lois du 22 décembre 1920 et du 6 juillet 1921. Prélèvement de 10 à 65 o/o sur la fortune évaluée à la date du 31 décembre 1919. La loi du 31 décembre avait institué l'acquittement de l'impôt par des annuités amortissant le total de l'impôt en 30 ans. D'après les modifications introduites par la loi du 22 décembre 1920 relative à l'assiette et à la perception accélérée du Reichsnotopfer l'impôt est perçu immédiatement en tant qu'il n'excède pas 10 o/o de la fortune imposable, sans que toutefois la somme ainsi perçue puisse être inférieure au tiers du montant total de l'impôt. Le surplus doit être acquitté par des annuités.

IV. Un projet soumis au Reichstag propose la suppression de la loi sur le « Reichsnotopfer » et l'établissement d'un impôt annuel sur la fortune. Cependant les fortunes de 1 027 000 mark et au-dessus auront à payer 7 o/o du « Notopfer » pour l'exercice 1921. A partir de 1923 il sera perçu un impôt annuel sur la fortune, auquel s'ajoutera, pour une durée de 15 années, un impôt supplémentaire destiné à remplacer la partie non perçue du « Notopfer », en tenant compte des changements survenus dans la situation du contribuable.

Le projet propose de soumettre à l'impôt la fortune des personnes physiques et morales pour la fraction excédant 100 000 mark. Les taux de l'impôt dont l'assiette sera renouvelée tous les trois ans, s'élèveraient de 1 à 10 o/o. Les taux de la taxe additionnelle qui s'y ajouterait pendant les 15 premières années, seraient de 100 à 300 o/o (*voir* p. 122).

5. *Impôt sur l'enrichissement* (Besitzsteuer) (*Voir* également 4 I c).

Législation en vigueur : Loi du 3 juillet 1913 modifiée par la loi du 3 avril 1920 établissant un impôt permanent dont le taux s'élevait de 0,75 à 2,5 o/o sur l'augmentation de la fortune survenue pendant une période de trois ans en tant qu'elle est supérieure à 10 000 m. Les fortunes ne dépassant pas 20 000 mark sont affranchies de l'impôt.

On envisage de remplacer, à partir de 1923, la loi relative à l'impôt sur l'enrichissement par la nouvelle loi relative à l'impôt sur l'accroissement de la fortune, dont le projet est soumis au Reichstag et qui est conforme aux dispositions de la nouvelle loi relative à l'impôt sur la fortune (*voir* 4 IV).

D'après ce projet, l'augmentation de la fortune survenue pendant une période de trois ans est soumise en tant qu'elle est supérieure à 50 000 mark à un impôt allant de 1 à 10 o/o. Les fortunes ne dépassant 100 000 mark ou, s'il s'agit de personnes incapables de travailler, les fortunes ne dépassant 200 000 mark seraient affranchies de l'impôt.

6. *L'impôt sur les successions.*

En 1914 : Loi du 3 juin 1906, modifiée par la loi du 3 juillet 1913 établissant un impôt de 4 à 30 o/o, non compris les centimes additionnels perçus par quelques Etats confédérés.

Législation en vigueur : Loi du Reich du 10 septembre 1919 relative à l'impôt sur les successions. Cette loi étend l'imposition des mutations par décès et des donations entre vifs aux enfants et aux époux, relève le taux de l'impôt, tient compte de la fortune que possède l'acquérant au moment de l'acquisition et institue une taxe successorale.

Le taux de l'impôt s'élève pour les mutations par décès de 5 à 70 o/o pour la taxe successorale de 1 à 5 o/o.

Toutefois, le total de l'impôt incombant à l'héritier ne doit pas excéder 90 o/o de l'héritage.

Les donations entre vifs sont taxées à l'instar des mutations par décès.

6 *a. Autres impôts directs.*

En 1914, l'Empire percevait un impôt sur la plus-value des immeubles, prélevant 10 à 30 o/o sur la plus-value non gagnée des immeubles. (Loi de l'Empire du 14 février 1911, modifiée par la loi du 3 juillet 1913.)

En outre les Etats confédérés et les communes percevaient des impôts directs de différentes sortes : impôts sur les bénéfices industriels et commerciaux, impôts fonciers, impôts sur les loyers, taxes sur les professions ambulantes, taxes sur les magasins de nouveautés et autres.

Législation en vigueur : En ce qui concerne l'impôt sur la plus-value des immeubles le Reich a renoncé à sa part. En outre, par la loi du 30 mars 1920 (« Landessteuergesetz ») le Reich a mis la main sur de nombreuses sources de revenu, parmi lesquelles il faut compter surtout l'impôt sur le revenu et l'impôt sur les mutations d'immeubles. Cette mainmise a eu pour effet de développer considérablement les impôts restés à la disposition des pays et des communes, notamment l'impôt foncier, l'impôt sur la propriété bâtie, l'impôt sur les bénéfices industriels et commerciaux et l'impôt sur la plus-value des immeubles.

7. *Impôt sur le chiffre d'affaires.*

Institué sous forme de droit de timbre sur le chiffre d'affaires par la loi du 26 juin 1916, et sous forme d'impôt sur le chiffre d'affaires par la loi du 26 juillet 1918.

Législation en vigueur : Loi du 24 décembre 1919, relative à l'impôt sur le chiffre d'affaires, comportant :

a) L'impôt général sur le chiffre d'affaires de 1,5 o/o auquel sont soumises les livraisons (Lieferungen) et les services personnels (Leistungen).

b) La taxe de luxe 15 o/o.

c) Un impôt spécial frappant certains services personnels (Leistungen), s'élevant à 10 o/o.

Un projet de loi, portant modification de la loi relative à l'impôt sur le chiffre d'affaires, propose :

a) Le relèvement du taux de l'impôt général sur le chiffre d'affaires à 2 1/2 o/o (*voir* la note page 124);

b) La suppression de l'exemption des livraisons à l'étranger à l'exception des livraisons faites par des exportateurs;

c) La suppression de l'exemption des premières opérations ayant pour objet l'achat et la vente à l'intérieur de marchandises importées de l'étranger;

d) Le développement de la taxe de luxe, dont le taux de 15 o/o reste sans modification;

e) L'introduction d'une taxe spéciale sur les restaurants de luxe;

f) L'introduction du système des payements trimestriels anticipés.

8. *Impôt sur les mutations d'immeubles.*

En 1914, les mutations d'immeubles étaient soumises à une taxe de 2/3 o/o calculée sur le prix de vente (n° 11 du tarif de la loi de l'Empire sur le timbre), à laquelle s'ajoutaient des taxes et des centimes additionnels perçus au profit des Etats confédérés et des communes.

Législation en vigueur. — Loi du 12 septembre 1919 établissant un impôt sur les mutations d'immeubles dû au moment du transfert de propriété et une taxe de remplacement pour les biens-fonds appartenant aux personnes morales et pour les fidéicommis.

En cas de transfert de propriété l'impôt est de 4 o/o calculé sur la valeur des immeubles, avec centimes additionnels allant jusqu'à 2 o/o perçus au profit des pays et des communes.

Le taux de la taxe de remplacement est de 2 o/o sans centimes additionnels.

9. *Impôt sur les mutations de capitaux mobiliers.*

Législation en vigueur. — Loi de l'Empire sur le timbre de 1913, modifiée en 1918 et en 1921.

Le projet de loi concernant l'impôt sur les mutations de capitaux mobiliers soumis au Reichstag propose l'extension et le relèvement du taux des droits indiqués sous les n°s 1 à 4 et 9 du tarif annexé à la loi de l'Empire sur le timbre. Le projet comprend cinq taxes différentes :

a) Impôt sur les sociétés.

Soumettant à l'impôt la fondation de sociétés par actions, sociétés à responsabilité limitée, sociétés d'exploitation minière et d'autres sociétés productrices de bénéfices (Erwerbsgesellschaften), ainsi que les augmentations du capital de ces sociétés.

Pour les sociétés par actions, sociétés à responsabilité limitée, sociétés d'exploitation minière et les autres sociétés commerciales régulières ayant une personnalité juridique (Kapitalgesellschaften), l'impôt serait de 7 1/2 o/o, calculé sur le capital versé ou sur la valeur des apports en nature. Pour les autres sociétés productrices de bénéfices, notamment pour les sociétés commerciales ouvertes et pour les associations, l'impôt serait de 1/2 o/o calculé sur les valeurs correspondantes.

b) Impôt sur les valeurs mobilières.

Portant sur l'émission d'obligations allemandes et sur la première opération ayant pour objet l'achat et la vente en Allemagne d'obligations et d'actions étrangères.

Le taux de l'impôt s'élèverait de 1/2 à 7 o/o.

c) Impôt sur les opérations de bourse.

Soumettant à l'impôt les opérations ayant pour objet l'achat et la vente de valeurs mobilières et de devises étrangères notamment les opérations de bourse.

Le taux de l'impôt serait de 1 o/o calculé sur la valeur négociable pour les opérations portant sur des actions, et s'élèverait de 1/10e o/oo à 1 % pour les opérations portant sur d'autres valeurs mobilières et sur des devises étrangères.

d) Impôt sur les conseils de surveillance.

Soumettant à l'impôt l'indemnité que touchent les membres d'un conseil de surveillance.

Le taux de l'impôt serait de 20 o/o.

e) Impôt sur l'acquisition de fonds de commerce.

Soumettant à l'impôt la cessation de fonds de commerce.

Le taux de l'impôt serait de 4 o/o.

10. *Taxe sur les automobiles.* (Remplaçant le n° 8 du tarif annexé à la loi de l'Empire sur le timbre.)

Le projet introduit une graduation de l'impôt d'après le modèle de la voiture, ainsi que d'après HP et d'après le poids de la voiture et propose en même temps un relèvement considérable des taux en vigueur.

11. *Impôt sur les assurances.* (Remplaçant le n° 12 du tarif annexé à la loi de l'Empire sur le timbre.)

Le projet de loi propose de relever considérablement une partie des taux actuels et de soumettre à l'impôt les assurances jusqu'à présent exemptées.

12 a. *Impôt sur les paris mutuels.*

Législation en vigueur. — Prélèvement de 16 2/3 o/o sur les sommes engagées au pari mutuel.

Le projet de loi propose l'octroi de licences aux bookmakers et l'institution d'une taxe de 10 o/o sur les sommes engagées par l'entremise d'un bookmaker.

b) *Impôt sur les loteries.* (Remplaçant le n° 5 du tarif de la loi de l'Empire sur le timbre.)

Les taux actuels, qui sont de 20 o/o calculé sur le prix total des lots pour les loteries allemandes, et de 25 o/o calculé sur le prix total des lots pour les loteries étrangères, ne seront pas modifiés.

13. *Droit de timbre sur les effets de commerce.*

Législation en vigueur. — Loi du 17 juillet 1909, modifiée par la loi du 26 juillet 1918, établissant un droit de timbre de 0 m. 60 par 1 000 mark.

On n'envisage pas de modification.

14. *Droit de timbre sur les documents relatifs aux transports.* (N° 9 du tarif de la loi de l'Empire sur le timbre.)

En 1914 les taux s'élevaient de 10 pfennig à 10 mark.

Législation en vigueur. — Loi du 26 juillet 1918 relevant les taux, qui sont maintenant de 15 pfennig à 20 mark.

On n'envisage pas de modification.

15. *Taxes sur le transport des voyageurs et des marchandises.*

a) Transport des voyageurs.

En 1914 il était perçu un droit de timbre sur les billets de chemins de fer s'élevant de 5 pfennig à 8 mark (n° 7 du tarif de la loi de l'Empire sur le timbre).

Législation en vigueur. — Loi du 8 avril 1917 établissant un impôt s'élevant de 10 à 16 o/o calculé sur le prix du billet.

b) Transport des marchandises.

En 1914 il était perçu un droit de timbre sur les documents relatifs aux transports (*Voir* n° 14).

Législation en vigueur. — Loi du 8 avril 1917 établissant en sus du droit de timbre sur les documents relatifs aux transports une taxe de 7 o/o calculée sur le prix d'expédition.

16. *Impôt sur la plus-value des immeubles.* (*Voir* remarque n° 6 *a*.)

17-21. (*Voir* remarque n° 4.)

22. *Impôt sur l'enrichissement d'après-guerre.* (*Voir* la note page 124.)

II. — Droits de douane et impôts sur la consommation

23. *Douanes.*

La loi du 25 décembre 1902 portant établissement du tarif des douanes est toujours en vigueur, sauf quelques modifications. Elle est complétée par la loi du 21 juillet 1919 relative à l'acquittement des droits de douane en or, qui établit une surtaxe douanière pour assurer le payement des droits de douane en or. Cette surtaxe est actuellement de 3 900 o/o.

Un projet de loi soumis au Reichstag propose le relèvement des droits de douane fiscaux et des droits de douane frappant l'importation de luxe.

24. *Impôt sur le charbon.*

Législation en vigueur. — Loi du 8 avril 1917, modifiée par la loi du 27 juin 1921 établissant un impôt de

20 o/o calculé sur la valeur du charbon *loco* carreau de la mine.

Un projet de loi soumis au Reichstag propose de porter l'impôt à 40 o/o.

25. *Impôt sur les tabacs et impôt sur les cigarettes. 1914.*

1° *Impôt sur le tabac :*

Loi du 15 juillet 1919 établissant les taux suivants :

Pour les feuilles de tabac, à l'exception de celles employées dans la fabrication des cigarettes: : mark 57, par quintal métrique;

Pour les feuilles de tabac employées dans la fabrication des cigarettes : mark 45, par quintal métrique.

Toutefois, pour les petites cultures l'imposition d'après la surface cultivée était substituée à l'imposition d'après le poids. En ce cas le taux de l'impôt était de mark 0,057 par mètre carré planté de tabac.

Pour les succédanés : mark 85 par quintal métrique.

2° *Impôt sur les cigarettes :*

Loi du 3 juin 1906, modifiée par la loi du 15 juillet 1909, établissant les taux suivants :

Pour les cigarettes : mark 2 à mark 15 par mille suivant le prix de détail;

Pour le tabac à cigarettes : mark 0,80 à mark 7 par kilo;

Pour les papiers à cigarettes : mark 1 par mille tubes ou feuilles.

La loi du 12 juin 1916 a apporté les modifications suivantes :

1° *A l'impôt sur le tabac :*

Relèvement du taux de l'impôt sur les feuilles de tabac à l'exception de celles employées dans la fabrication des cigarettes à mark 70 par quintal métrique;

Relèvement du taux de l'impôt perçu d'après la surface cultivée à 0,07 par mètre carré;

Relèvement du taux de l'impôt sur les succédanés à mark 120 par quintal métrique.

2° *A l'impôt sur les cigarettes :*

Etablissement de surtaxes de guerre additionnelles à l'impôt sur les cigarettes dont le taux s'élevait :

Pour les cigarettes : de mark 3 à mark 25 par mille.

Pour le tabac à cigarettes : de mark 3 à mark 12 par kilogramme.

Pour le papier à cigarettes : à mark 6 par mille tubes ou feuilles.

Législation en vigueur. — Loi du 12 septembre 1919 abrogeant les dispositions relatives à l'impôt sur le tabac et à l'impôt sur les cigarettes et établissant un droit intérieur de consommation sur les produits de tabac fabriqués calculé sur le prix de détail et un droit intérieur sur le papier à cigarettes.

Les taux de l'impôt s'élèvent pour :

Les cigares : de mark 8 à mark 1 600 par mille.

Les cigarettes : de mark 10 à mark 300 par mille.

Le tabac à fumer haché fin : de mark 3 à mark 60 par kilogramme.

Le tabac pour la pipe : de mark 1 à mark 9 par kilogramme.

Le tabac à chiquer : de mark 15 à mark 100 par mille.

Le tabac à priser : de mark 1 à mark 4 par kilogramme.

Les papiers à cigarettes : à mark 10 par mille tubes ou feuilles.

Les succédanés : à mark 100 par quintal métrique.

En ce qui concerne les cigares, le tabac pour la pipe et le tabac à chiquer et à priser le droit intérieur de consommation est réduit jusqu'à 50 o/o suivant le taux de la surtaxe douanière perçue pour assurer l'acquittement des droits de douane en or.

Un projet de loi (1) est déposé qui propose de supprimer ces réductions pour le tabac à chiquer et à priser et de relever le taux de l'impôt pour le tabac à fumer haché fin et les tabacs pour la pipe, à chiquer et à priser de qualité supérieure.

26. *Impôt sur la bière.*

En 1914. — Impôt sur le brassage dans l'Allemagne du Nord et dispositions spéciales en Bavière, en Wurtemberg, en Bade et en Alsace-Lorraine.

Législation en vigueur. — Loi du 26 juillet 1918 relative à l'impôt sur la bière établissant un impôt allant de mark 10 à mark 12,50 par hectolitre pour la bière ordinaire contenant 4 1/2 à 13 o/o de moût.

Moyenne de la charge fiscale par hectolitre pour la bière contenant 10 o/o de moût :

En 1913.	2,60 mark.
En 1921	11 —

L'augmentation de l'impôt est donc aujourd'hui de 422 o/o.

(1) Loi portant augmentation de certains impôts sur la consommation.

Un projet de loi (1) soumis au Reichstag propose de quadrupler les taux actuellement en vigueur, ce qui, si l'on tient compte des centimes additionnels perçus au profit des communes actuelles, reviendrait à quintupler l'impôt actuel.

27. *Impôt sur les vins.*

En 1914, l'impôt sur les vins n'était perçu que par les Etats confédérés suivants :

Le Bade, le Wurtemberg et l'Alsace-Lorraine.

Législation en vigueur. — Loi du 26 juillet 1918 relative à l'impôt sur les vins établissant un impôt de 20 o/o calculé sur le prix de vente en détail.

On n'envisage pas de modification.

28. *Impôt sur les vins mousseux.*

En 1914. — Loi du 9 mai 1902 modifiée par la loi du 15 juillet 1909, établissant un impôt de mark 0,10 par bouteille sur les vins mousseux faits avec des vins de fruits et un impôt de mark 1 à mark 3 par bouteille sur les vins mousseux faits avec des vins de raisin.

Législation en vigueur. — Loi du 21 avril 1921 portant le taux de l'impôt à mark 3 par bouteille pour les vins mousseux faits avec des vins de fruits et à mark 12 par bouteille pour les vins mousseux faits avec des vins de raisin.

Après l'expiration de la loi en vigueur à la date du 1er juillet 1923 le système de l'imposition sera modifié et les taux de l'impôt seront relevés.

(1) Loi portant augmentation de certains impôts sur la consommation.

29. *Impôt sur les eaux minérales.*

En 1914, exemption d'impôt.

Législation en vigueur : Loi du 26 juillet 1918 établissant les taux suivants :

Pour les eaux minérales naturelles ou artificielles.... 0,05 mark par litre;

Pour les limonades et autres boissons préparées ne contenant pas plus de 10 grammes d'esprit-de-vin par litre..... 0,10 mark par litre.

Pour les limonades et autres boissons préparées contenant plus de 10 grammes d'esprit-de-vin par litre.... 0,20 mark par litre.

Pour les limonades artificielles concentrées.... 1 mark par litre;

Pour les produits destinés à la fabrication de limonades artificielles concentrées.... 20 mark par litre.

Un projet de loi (1) soumis au Reichstag propose de doubler les droits actuels.

30. *Impôt sur l'alcool.*

En 1914, le taux de l'impôt sur l'alcool était de mark 125 par hectolitre.

Législation en vigueur. — Loi du 26 juillet 1918 remplaçant l'impôt sur l'alcool par le monopole.

Produit net du monopole : 800 mark par hectolitre d'alcool destiné à la consommation, à la parfumerie, à la pharmacie, etc. Impôt spécial de 300 mark par hectolitre pour les alcools destinés à la consommation

(1) Loi portant augmentation de certains impôts sur la consommation.

et qui n'ont pas été fabriqués par l'administration du monopole.

Un projet de loi relatif au monopole de l'alcool soumis au Reichstag envisage une augmentation de la recette par hectolitre qui la porterait de 800 mark à au moins 4 000 mark, plus une surtaxe de 15 o/o sur les alcools qui ne sont pas destinés à être employés pour les produits fabriqués par l'administration du monopole. Frais d'exploitation compris, la recette atteindrait au moins 7 000 mark par hectolitre. En même temps la loi en vigueur serait complètement remaniée et simplifiée.

Les alcools d'origine étrangère sont assujettis en sus du droit de douane à une taxe de remplacement s'élevant à 3 800 mark par hectolitre et qui serait relevée de conformité avec l'augmentation des recettes provenant de l'exploitation du monopole.

31. *Impôt sur l'acide acétique.*

En 1914 le taux de l'impôt était de 0 mark 30 par kilogramme d'acide acétique anhydre.

Législation en vigueur. — Loi du 26 juillet 1918 portant le taux de l'impôt à 1 mark 60 par kilogramme.

Un projet de loi soumis au Reichstag propose de porter le taux de l'impôt à 9 mark par kilogramme.

32. *Impôt sur le sucre.*

Législation en vigueur. — Loi du 27 mai 1896, modifiée par la loi du 6 janvier 1903, établissant un taux de 14 mark par 100 kilogrammes.

Un projet de loi soumis au Reichstag propose de porter le taux à 100 mark (voir note, p. 124).

33. *Impôt sur le sel.*

Législation en vigueur. — Loi du 12 octobre 1867 établissant un taux de 12 mark par 100 kilogrammes.

Aucune modification n'est envisagée.

34. *Impôt sur les appareils d'allumage :*

En 1914 l'impôt était de 1 à 1 1/2 pf. par boîte d'allumettes et de 5 pf. par boîte d'allumettes-bougie.

Législation en vigueur. — Loi du 10 septembre 1919 doublant ces taux et établissant un impôt sur les briquets et sur les pierres à briquets.

Un projet de loi (1) soumis au Reichstag propose de doubler les droits actuels sur les allumettes et sur les allumettes-bougie.

35. *Impôt sur les appareils d'éclairage :*

Législation en vigueur. — Loi du 15 juillet 1909 établissant les taux suivants :

Pour les lampes et brûleurs électriques à incandescence :

- *a*) Lampes à filaments de charbon, mark 0,05 à 0,60;
- *b*) Lampes à filaments métalliques, mark 0,10 à 1 avec taxes additionnelles pour les lampes d'une puissance supérieure à 200 watts.

Pour les manchons à incandescence, mark 0,10.

Pour les crayons de lampes électriques à arc, mark 0,60 à mark 1, par kilogramme.

(1) Loi portant augmentation de certains impôts sur la consommation.

Pour les brûleurs des lampes à vapeur de mercure et autres lampes analogues jusqu'à 100 watts, mark 1, par pièce.

Un projet de loi (1) soumis au Reichstag propose de quadrupler les droits actuels.

36. *Impôt sur les cartes à jouer :*

En 1914 le taux de l'impôt s'élevait de mark 0,30 à 0,50 par jeu, suivant le nombre de cartes.

Législation en vigueur. — Loi du 10 septembre 1919 portant l'impôt respectivement à mark 1, mark 2 et mark 3, par jeu.

On n'envisage pas de modification.

37. *Droits de statistique.*

Le projet de loi portant fixation du budget du Reich de l'exercice 1922 évalue la recette provenant des droits de statistique à 12 millions de mark, en tablant sur les dispositions d'un projet, lequel cependant a été ajourné et n'obtiendra probablement pas force de loi pendant l'année 1922 (voir note p. 124).

38. *Monopole des matières édulcorantes.*

Un projet de loi portant l'établissement d'un monopole des matières édulcorantes a été déposé.

39. *Droits d'exportation.*

Les droits d'exportation sur le charbon, la potasse et le sel sont perçus par l'administration chargée d'accorder les permis d'exportation et figurent au budget du Ministère des Affaires économiques du Reich.

(1) Loi portant augmentation de certains impôts sur la consommation.

SOUS-ANNEXE II

COMPARAISON ENTRE L'IMPOSITION DU REVENU EN ALLEMAGNE, EN FRANCE, EN ANGLETERRE ET AUX ÉTATS-UNIS.

A. — Allemagne

(Loi du Reich du 29 mars 1920 relative à l'impôt sur le revenu, modifiée par les lois des 31 mars 1920, 21 juillet 1920, 24 mars 1921, 11 juillet et 20 décembre 1921.)

I. L'impôt est dû par toutes les personnes physiques. Les revenus des personnes morales sont frappés d'un impôt spécial sur les sociétés. Les revenus provenant de capitaux mobiliers sont préalablement frappés par l'impôt sur le revenu des capitaux mobiliers.

II. L'impôt est établi d'après le revenu imposable, c'est-à-dire d'après le montant total du revenu du contribuable, sous déduction des sommes désignées au paragraphe 13 de la loi, en particulier des dépenses afférentes à la production du revenu et des intérêts des emprunts et dettes à sa charge.

III. *Taux de l'impôt.*

L'impôt s'élève pour la fraction du revenu imposable :

	Mark.	Mark.	P. 100.
	—	—	—
qui n'excède pas.	50 000		à 10
comprise entre.	50 000 et	60 000	à 15
—	60 000 et	80 000	à 20
—	80 000 et	100 000	à 25

	Mark.		Mark.	P. 100.
	—		—	—
comprise entre.	100 000	et	200 000	à 30
—	200 000	et	300 000	à 35
—	300 000	et	500 000	à 40
—	500 000	et	1 000 000	à 45
—	1 000 000	et	1 500 000	à 50
—	1 500 000	et	2 000 000	à 55
excédant	2 000 000			à 60

IV. *Réductions.*

Sur le montant de l'impôt le contribuable a droit, tant pour lui-même que pour sa femme, à une réduction de 240 mark, si son revenu imposable ne dépasse pas 50 000 mark, et à une réduction de 360 mark pour chaque enfant mineur, si son revenu imposable ne dépasse 200 000 mark. Les réductions pour la femme et pour les enfants n'interviennent en principe que si la femme et les enfants ne sont pas eux-mêmes imposables à l'impôt sur le revenu.

B. — France

(Lois des 29 mars 1914, 15 juillet 1914, 31 juillet 1917 et 25 juin 1920.)

L'impôt sur le revenu en France comprend une série d'impôts cédulaires sur les revenus, frappant les différentes sources de revenus et ayant en partie le caractère d'un impôt réel et l'impôt général sur le revenu frappant le revenu global du contribuable.

a) *Impôts cédulaires sur les revenus.*

Les impôts cédulaires sur les revenus sont les suivants :

1° « La contribution foncière des propriétés bâties et non bâties » frappant les revenus provenant de propriétés bâties et non bâties;

2° « La taxe sur le revenu des valeurs mobilières » et « l'impôt sur le revenu des créances, dépôts et cautionnements » frappant les revenus provenant de capitaux mobiliers;

3° « L'impôt sur les bénéfices industriels et commerciaux » frappant les revenus provenant du commerce et de l'industrie;

4° « L'impôt sur les bénéfices de l'exploitation agricole » frappant les revenus provenant de l'exploitation agricole;

5° « L'impôt sur les traitements publics et privés, les indemnités et émoluments, les salaires, les pensions et les rentes viagères » frappant les revenus provenant de salaires, traitements, pensions et rentes viagères;

6° « L'impôt sur les bénéfices des professions non commerciales » frappant les revenus provenant de l'exercice des professions libérales.

I. L'impôt est dû par toutes les personnes physiques et morales. Les revenus des personnes morales ne sont pas imposées spécialement.

II. Le revenu imposable est déterminé, en ce qui concerne les revenus provenant des propriétés bâties et non bâties d'après la valeur locative; pour le calcul de l'impôt la valeur locative est diminuée de 1/4 pour les propriétés bâties et de 1/5 pour les propriétés non bâties, ces déductions représentant les frais d'entretien et d'exploitation. En ce qui concerne les revenus provenant de capitaux mobiliers, de salaires, émoluments, etc., le revenu imposable est constitué par le montant des intérêts, dividendes, salaires, traitements, etc., payés. Pour les revenus de l'industrie, du commerce et des professions non commerciales, c'est le bénéfice net qui constitue la base de l'impôt. Le bénéfice provenant de l'exploitation agricole est considéré pour l'assiette de l'impôt comme égal à la valeur locative des terres exploitées multipliée par un coefficient approprié. Le revenu des propriétaires exploitant leurs terres pour leur propre compte est considéré pour 4/9 comme provenant de la propriété foncière et pour 5/9 comme bénéfice agricole provenant de l'exploitation agricole.

Les *revenus des propriétés bâties et non bâties* ainsi que les revenus des capitaux mobiliers sont soumis à l'impôt pour la totalité.

Pour le calcul de l'impôt sur les *bénéfices industriels et commerciaux* la portion du bénéfice n'excédant pas 1 500 francs est comptée pour un quart, la fraction comprise entre 1 500 et 5 000 francs pour un demi, le surplus pour la totalité.

Pour le calcul de l'impôt sur les *bénéfices de l'exploitation agricole* l'exploitant n'est taxé que sur la fraction de leur montant annuel excédant 1 500 francs; la fraction de leur montant annuel comprise entre 1 500 et 4 000 francs est comptée pour un demi, le surplus pour la totalité.

Pour les *revenus provenant de traitements, salaires,* etc., ainsi que pour les *revenus de professions libérales* l'impôt ne porte que sur la partie de leur montant annuel qui dépasse, savoir :

	Francs.
Dans les communes de 50 000 habitants et au-dessous.	4 000
Dans une commune de plus de 50 000 habitants.	5 000
A Paris	6 000

Pour les *revenus provenant de pensions et de rentes viagères* l'impôt ne porte que sur leur montant annuel excédant.

	Francs.
S'il s'agit de pensions ou de rentes viagères constituées par des versements périodiques successifs ou servies bénévolement par des patrons à leurs employés à titre d'ancienneté de services	3 600
S'il s'agit de rentes viagères constituées au moyen de versement d'un capital ou acquises par voie de legs ou de donation.	2 000

En outre, pour le calcul de l'impôt, la fraction du revenu imposable comprise entre le minimum exonéré et la somme de 8 000 francs est comptée seulement pour moitié.

III. *Taux de l'impôt.*

	0/0.
Pour les revenus provenant de la propriété foncière bâtie et non bâtie	10
Pour les revenus provenant de capitaux mobiliers, en général.	10
Pour les revenus provenant de bénéfices industriels et commerciaux	8
Pour les revenus provenant de bénéfices de l'exploitation agricole.	6
Pour les revenus provenant de traitements, de salaires, pensions, rentes viagères	6
Pour les revenus provenant de bénéfices de professions non commerciales	6

IV. *Réductions.*

Tout contribuable, dont le revenu net total, défalcation faite des déductions pour situations et charges de famille prévues par les dispositions réglant l'impôt général sur le revenu, n'est pas supérieur à 10 000 francs, a droit à une réduction de 7,5 o/o sur le montant des impôts cédulaires, à l'exception de ceux portant sur les revenus de capitaux mobiliers, pour chaque personne à sa charge jusqu'à la deuxième et de 15 o/o pour chacune des autres personnes à partir de la troisième. Pour les contribuables dont le revenu net total, défalcation faite des déductions pour situations et charges de famille prévues par les dispositions réglant l'impôt général sur le revenu dépasse 10 000 francs, cette réduction est de 5 o/o pour les trois premières personnes et de 10 o/o du montant de l'impôt pour chacune des autres personnes à partir de la quatrième. Toutefois le montant total de la réduction ne peut pas dépasser 300 francs par personne à la charge du contribuable.

b) *Impôt général sur le revenu.*

I. L'impôt est dû par toutes les personnes physiques.

II. Le revenu imposable est constitué par le montant total du revenu net annuel du contribuable sous déduction des dépenses afférentes à la production du revenu et des intérêts des emprunts et dettes à sa charge. La partie du revenu ne dépassant pas 6 000 francs est exonérée de l'impôt.

	Francs.
Pour des contribuables mariés la partie exonérée de l'impôt est relevée de	3 000

	Francs.
En outre, pour le calcul de l'impôt tout contribuable a droit pour chaque enfant au-dessous de 21 ans à une déduction sur son revenu annuel de.	2 000
Pour toute autre personne à sa charge jusqu'à la cinquième à une déduction sur son revenu annuel de	1 500
Pour toute personne à sa charge au delà de la cinquième à une déduction sur son revenu annuel de	2 000

III. *Taux de l'impôt.*

Le taux de l'impôt est de 50 o/o. Une graduation progressive de l'impôt est introduite par l'application du système de la réduction par tranches de la base de l'assiette. A cet effet pour le calcul de l'impôt la fraction du revenu imposable ne dépassant pas 20 000 francs n'est comptée que pour 1/25e, la fraction dépassant 20 000 mais ne dépassant pas 30 000 francs pour 2/25es et ainsi de suite. Le tableau suivant montre la charge grevant les diverses fractions du revenu par suite de l'application de ce système.

Le taux de l'impôt atteint, pour la fraction du revenu imposable, comprise :

Entre	6 000	et	20 000	francs.	2 o/o	
—	20 000	—	30 000	—	4	—
—	30 000	—	40 000	—	6	—
—	40 000	—	50 000	—	8	—
—	50 000	—	60 000	—	10	—
—	60 000	—	70 000	—	12	—
—	70 000	—	80 000	—	14	—
—	80 000	—	90 000	—	16	—
—	90 000	—	100 000	—	18	—

Entre	100 000 — 125 000	—	20 —
—	125 000 — 150 000	—	22 o/o
—	150 000 — 175 000	—	24 —
—	175 000 — 200 000	—	26 —
—	200 000 — 225 000	—	28 —
—	225 000 — 250 000	—	30 —
—	250 000 — 275 000	—	32 —
—	275 000 — 300 000	—	34 —
—	300 000 — 325 000	—	36 —
—	325 000 — 350 000	—	38 —
—	350 000 — 375 000	—	40 —
—	375 000 — 400 000	—	42 —
—	400 000 — 450 000	—	44 —
—	450 000 — 500 000	—	46 —
—	500 000 — 550 000	—	48 —
Excédant	550 000.		50 —

IV. *Réductions.*

Tout contribuable dont le revenu total imposable, défalcation faite des déductions prévues pour la femme et pour les personnes à sa charge, ne dépasse pas 10 000 francs, a droit à une réduction du montant de l'impôt général sur le revenu de 7,5 o/o pour chaque personne à sa charge jusqu'à la deuxième, et de 15 o/o pour chacune des autres personnes à partir de la troisième Si, en tenant compte des déductions prévues pour la femme et pour les personnes à la charge du contribuable, le revenu imposable dépasse 10 000 francs le montant de l'impôt est réduit de 5 o/o pour chacune des trois premières personnes à la charge du. contribuable et de 10 o/o pour chacune des autres personnes à partir de la quatrième. Toutefois, le montant total de la réduction ne peut pas dépasser 2 000 francs par personne à la charge du contribuable.

Majorations :

1° Pour les contribuables célibataires ou divorcés âgés de plus de 30 ans 25 o/o du montant de l'impôt;

2° Pour les contribuables, âgés de plus de 30 ans, mariés depuis deux ans et n'ayant pas d'enfants 10 o/o du montant de l'impôt.

C. — Angleterre

(Législation codifiée par le Consolidated Income-Tax Act de 1918, modifié par le Finance Act de 1920.)

I. L'impôt anglais sur le revenu comprend l'*income-tax*, qui taxe les personnes physiques et les personnes morales et la *super-tax*, à laquelle sont assujetties les seules personnes physiques. Les revenus des sociétés sont frappés par une taxe spéciale sur les sociétés (corporation tax) s'élevant à 5 o/o de la fraction du bénéfice net excédant 500 £.

a) *L'income tax.*

II *a*. Le revenu imposable est constitué par « l'assessable income », c'est-à-dire par le revenu diminué de certaines sommes, en particulier des dépenses afférentes à la production du revenu et des intérêts des emprunts et dettes à la charge du contribuable. L'ancienne différenciation entre les revenus du travail (earned income) et les revenus du capital (unearned income), différenciation établie au moyen d'un taux différentiel, a été abolie en 1920 et remplacée par la disposition que, pour déterminer le revenu imposable (assessable income), on fait subir au revenu « gagné » du contribuable une déduction d'un dixième. Toutefois cette déduction ne peut pas dépasser 200 £.

L'income-tax est assis suivant cinq cédules (A-E).

La cédule A frappe les revenus de la propriété foncière bâtie et non bâtie.

La cédule B frappe les bénéfices des fermiers agricoles.

La cédule C frappe les revenus provenant des emprunts émis par les gouvernements de la Grande-Bretagne, de l'Inde et des Dominions de l'Empire britannique ainsi que par les gouvernements étrangers.

La cédule D frappe les revenus des industriels et de leurs employés, des professions non commerciales et des actionnaires.

La cédule E soumet à l'impôt les traitements et pensions des fonctionnaires et employés de l'Etat et des autres corporations de droit public.

Pour les cédules A, C et E l'impôt est perçu « à la source », c'est-à-dire au moment où le débiteur s'acquitte. L'assiette de l'impôt pour les revenus de la cédule D est faite d'après une déclaration du contribuable. Pour asseoir l'impôt sur les revenus de la cédule B on admet un forfait entre les bénéfices de l'exploitation agricole et la valeur locative des terres exploitées; toutefois, le contribuable peut demander à être imposé comme un industriel à la cédule D.

Pour déterminer le « revenu taxable » (taxable income), le contribuable a droit aux déductions suivantes sur son revenu imposable (« assessable income ») :

a) Pour lui-même . . . . 135 £
b) Pour sa femme . . . . 90 —

Si l'assessable income comporte du revenu « gagné » (earned) par la femme, la déduction est augmentée des

9/10es du revenu gagné par la femme, sans que toutefois elle puisse de ce chef dépasser 45 £.

c) Pour le premier enfant . . . . 36 £
Pour chaque autre enfant . . . . 27 —

Quant aux enfants qui disposent d'un revenu « en leurs propres droits » (« in their own rights ») supérieur à £ 40, aucune déduction n'est permise.

d) Pour des parents incapables de subvenir à eux-mêmes et qui se trouvent à sa charge, à condition que leur revenu personnel ne dépasse pas 50 £ . . . . 25 £

Dans les cas où l'impôt est perçu à la source toutes les déductions doivent faire l'objet d'une demande de remboursement.

III *a*. *Le taux de l'impôt* s'élève à 6 sh. par £. Ce taux est réduit de moitié pour la partie du revenu taxable ne dépassant pas 225 £ pour toutes les personnes physiques.

b) *La super tax.*

II *b*. Est soumise à la super-tax la partie de l'assessable income qui dépasse 2 000 £

III *b*. *Le taux de l'impôt* atteint :

Pour la fraction du revenu comprise entre :

2 000	et	2 500 £	1 sh.	6 d.	par	1 £	soit	7,5 o/o
2 500	—	3 000	2			1	—	10	—
3 000	—	4 000	2	6		1	—	12,5	—
4 000	—	5 000	3			1	—	15	—
5 000	—	6 000	3	6		1	—	17,5	—
6 000	—	7 000	4			1	—	20	—
7 000	—	8 000	4	6		1	—	22,5	—
8 000	—	20 000	5			1	—	25	—
20 000	—	30 000	5	6		1	—	27,5	—

Pour la fraction du revenu excédant :

30 000 — 6 1 — 30 —

D. — États-Unis

(Dernière réglementation par le « Revenue Act » du 23 novembre 1921.)

I. L'impôt sur le revenu aux Etats-Unis comprend la *normal tax* et la *surtax*. Tous les deux ne frappent que le revenu des personnes physiques. Les revenus des sociétés sont soumis à un impôt spécial sur les sociétés (*tax on corporations*), qui prélève 12 1/2 o/o sur les bénéfices nets.

II *a*. *La « normal tax »*.

Est soumis à l'impôt le « net income », défalcation faite des déductions suivantes :

a) Pour le contribuable lui-même . . . . 1 000 $
b) Pour la femme 1 000
c) Pour chaque enfant ou personne incapable de subvenir à elle-même 400

Il n'existe pas de distinction quant à l'imposition entre les revenus du capital et les revenus du travail. Si le revenu total des deux époux ne dépasse pas 5 000 $, l'exonération est de 2 500 au lieu de 2 000 $.

III *a*. *Taux de l'impôt*.

Le taux est de 8 o/o. Il est réduit de moitié pour la partie du revenu ne dépassant pas 4 000 $.

II *b*) *La « surtax »*.

La « surtax » frappe la partie du « net income » qui dépasse 6 000 $.

III *b*. Le taux de l'impôt est le suivant :

Pour la fraction du revenu comprise entre :

6 000	et	10 000 $	. . . .	1 o/o
10 000	—	12 000	. . . .	2 —
12 000	—	14 000	. . . .	3 —
14 000	—	16 000	. . . .	4 —
16 000	—	18 000	. . . .	5 —
18 000	—	20 000	. . . .	6 —
20 000	—	22 000	. . . .	8 —
22 000	—	24 000	. . . .	9 —
24 000	—	26 000	. . . .	10 —
26 000	—	28 000	. . . .	11 —
28 000	—	30 000	. . . .	12 —
30 000	—	32 000	. . . .	13 —
32 000	—	36 000	. . . .	15 —
36 000	—	38 000	. . . .	16 —
38 000	—	40 000	. . . .	17 —
40 000	—	42 000	. . . .	18 —
42 000	—	44 000	. . . .	19 —
44 000	—	46 000	. . . .	20 —
46 000	—	48 000	. . . .	21 —
48 000	—	50 000	. . . .	22 —
50 000	—	52 000	. . . .	23 —
52 000	—	54 000	. . . .	24 —
54 000	—	56 000	. . . .	25 —
56 000	—	58 000	. . . .	26 —
58 000	—	60 000	. . . .	27 —
60 000	—	62 000	. . . .	28 —
62 000	—	64 000	. . . .	29 —
64 000	—	66 000	. . . .	30 —
66 000	—	68 000	. . . .	31 —
68 000	—	70 000	. . . .	32 —
70 000	—	72 000	. . . .	33 —
72 000	—	74 000	. . . .	34 —
74 000	—	76 000	. . . .	35 —
76 000	—	78 000	. . . .	36 —

Pour la fraction du revenu comprise entre :

78 000 —	80 000 $	. . . .	37 —
80 000 —	82 000	. . . .	38 —
82 000 —	84 000	. . . .	39 —
84 000 —	86 000	. . . .	40 —
86 000 —	88 000	. . . .	41 —
88 000 —	90 000	. . . .	42 —
90 000 —	92 000	. . . .	43 —
92 000 —	94 000	. . . .	44 —
94 000 —	96 000	. . . .	45 —
96 000 —	98 000	. . . .	46 —
98 000 —	100 000	. . . .	47 —
100 000 —	150 000	. . . .	48 —
150 000 —	200 000	. . . .	49 —

Pour la fraction du revenu excédant :

200 000 $ . . . . 50 —

TABLEAU COMPARATIF DE L'IMPOSITION DU REVENU EN FRANCE EN ANGLETERRE ET EN ALLEMAGNE

Compte tenu du pouvoir d'achat intérieur de la monnaie

(1 franc = 5 mark-papier, 1 shilling = 11 mark-papier)

TRAITEMENTS ET SALAIRES

Contribuable non marié âgé de plus de 30 ans

REVENUS.			IMPOTS.					
			FRANCE (1).		ANGLETERRE.		ALLEMAGNE.	
En mark.	En francs.	En shilling.	En francs.	0/0.	En shilling.	0/0.	En mark.	0/0.
10 000	2 000	900	—	—	—	—	220	2,22
20 000	4 000	1 800	—	—	—	—	1 220	6,10
30 000	6 000	2 700	—	—	—	—	2 220	7,40
50 000	10 000	4 500	275	2,75	202,5	4,50	4 220	8,44
100 000	20 000	9 000	1 110	5,55	945	10,50	15 500	15,50
250 000	50 000	22 000	4 922	9,84	4 590	20,40	63 000	25,20
500 000	100 000	45 000	15 675	15,68	11 190	24,87	160 500	32,10
1 000 000	200 000	90 000	47 916	23,96	30 065	33,41	385 500	38,55
5 000 000	1 000 000	450 000	529 942	52,99	225 315	50,07	2 710 500	54,21
10 000 000	2 000 000	900 000	1 164 942	58,25	491 565	54,62	5 710 500	57,11

(1) On suppose que le contribuable vit à Paris.

TABLEAU COMPARATIF DE L'IMPOSITION DU REVENU EN FRANCE EN ANGLETERRE ET EN ALLEMAGNE

Compte tenu du pouvoir d'achat intérieur de la monnaie

(1 franc = 5 mark-papier, 1 shilling = 11 mark-papier)

TRAITEMENTS ET SALAIRES

Contribuable marié ayant 2 enfants de moins de 21 ans à sa charge

REVENUS.			IMPOTS.					
			FRANCE (1).		ANGLETERRE.		ALLEMAGNE.	
En mark.	En francs.	En shilling.	En francs.	0/0.	En shilling	0/0.	En mark.	0/0.
10 000	2 000	900	—	—	—	—	—	—
20 000	4 000	1 800	—	—	—	—	260	1,30
30 000	6 000	2 700	—	—	—	—	1 260	4,20
50 000	10 000	4 500	153	1,53	—	—	3 260	6,52
100 000	20 000	9 000	809	4,05	351	3,90	14 780	14,78
250 000	50 000	22 500	3 901	7,80	3 672	16,32	63 000	25,20
500 000	100 000	45 000	12 255	12,26	10 272	22,83	160 000	32,10
1 000 000	200 000	90 000	37 157	18,58	29 147	32,39	385 500	38,55
5 000 000	1 000 000	450 000	421 930	42,19	224 397	49,87	2 710 000	54,21
10 000 000	2 000 000	900 000	951 930	47,60	490 647	54,52	5 710 000	57,11

(1) On suppose que le contribuable vit à Paris.

TABLEAU COMPARATIF DE L'IMPOSITION DU REVENU EN FRANCE EN ANGLETERRE ET EN ALLEMAGNE

Compte tenu du pouvoir d'achat intérieur de la monnaie

(1 franc = 5 mark-papier, 1 shilling = 11 mark-papier)

TRAITEMENTS ET SALAIRES

Contribuable marié ayant 4 enfants de moins de 21 ans à sa charge

REVENUS.			IMPOTS.					
			FRANCE (1).		ANGLETERRE.		ALLEMAGNE.	
En mark.	En francs.	En shilling.	En francs.	0/0.	En shilling.	0/0.	En mark.	0/0.
10 000	2 000	900	—	—	—	—	—	—
20 000	4 000	1 800	—	—	—	—	—	—
30 000	6 000	2 700	—	—	—	—	540	1,80
50 000	10 000	4 500	99	0,99	—	—	2 540	5,08
100 000	20 000	9 000	601	3,00	189	2,10	14 060	14,06
250 000	50 000	22 500	3 214	6,43	3 348	14,88	63 000	25,20
500 000	100 000	45 000	10 433	10,43	9 948	22,11	160 500	32,10
1 000 000	200 000	90 000	32 251	16,13	28 823	32,03	385 500	38,55
5 000 000	1 000 000	450 000	417 550	41,76	224 073	49,79	2 710 500	54,21
10 000 000	2 000 000	900 000	947 550	47,38	490 323	54,48	5 710 500	57,11

(1) On suppose que le contribuable vit à Paris.

TABLEAU COMPARATIF DE L'IMPOSITION DU REVENU EN FRANCE EN ANGLETERRE ET EN ALLEMAGNE

Compte tenu du pouvoir d'achat intérieur de la monnaie

(1 franc = 5 mark-papier, 1 shilling = 11 mark-papier)

BÉNÉFICES INDUSTRIELS ET COMMERCIAUX

Contribuable non marié âgé de plus de 30 ans

REVENUS.			IMPOTS.					
			FRANCE.		ANGLETERRE.		ALLEMAGNE.	
En mark.	En francs.	En shilling.	En francs.	0/0.	En shilling.	0/0.	En mark.	0/0.
10 000	2 000	900	50	2,50	—	—	760	7,60
20 000	4 000	1 800	130	3,25	—	—	1 760	8,80
30 000	6 000	2 700	250	4,17	—	—	2 760	9,20
50 000	10 000	4 500	655	6,55	202,5	4,50	4 760	9,52
100 000	20 000	9 000	1 685	8,43	945	10,50	15 500	15,50
250 000	50 000	22 500	5 992	11,98	4 590	20,40	63 000	25,20
500 000	100 000	45 000	17 371	17,37	11 190	24,87	160 500	32,10
1 000 000	200 000	90 000	50 745	25,37	30 065	33,41	385 500	38,55
5 000 000	1 000 000	450 000	525 013	52,50	225 315	50,07	27 10 500	54,21
10 000 000	2 000 000	900 000	1 180 015	59,00	491 565	54,62	5 750 500	57,11

TABLEAU COMPARATIF DE L'IMPOSITION DU REVENU EN FRANCE EN ANGLETERRE ET EN ALLEMAGNE

Compte tenu du pouvoir d'achat intérieur de la monnaie

(1 franc = 5 mark-papier, 1 shilling = 11 mark-papier)

BÉNÉFICES INDUSTRIELS ET COMMERCIAUX

Contribuable marié ayant 2 enfants de moins de 21 ans à sa charge

REVENUS.			IMPOTS.					
			FRANCE.		ANGLETERRE.		ALLEMAGNE.	
En mark.	En francs.	En shilling.	En francs.	0/0.	En shilling.	0/0.	En mark.	0/0.
10 000	2 000	900	42	2,10	—	—	—	—
20 000	4 000	1 800	110	2,75	—	—	800	4,00
30 000	6 000	2 700	192	3,20	—	—	1 800	6,00
50 000	10 000	4 500	419	4,19	—	—	3 800	7,60
100 000	20 000	9 000	1 225	6,13	351	3,90	14 780	14,78
250 000	50 000	22 500	4 005	8,01	3 672	16,32	63 000	25,20
500 000	100 000	45 000	14 987	14,99	10 272	22,83	160 500	32,10
1 000 000	200 000	90 000	40 305	20,15	29 147	32,39	385 500	38,55
5 000 000	1 000 000	450 000	431 985	43,20	224 397	49,87	2 710 500	54,21
10 000 000	2 000 000	900 000	971 985	48,60	490 647	54,52	5 710 500	57,11

TABLEAU COMPARATIF DE L'IMPOSITION DU REVENU EN FRANCE
EN ANGLETERRE ET EN ALLEMAGNE

Compte tenu du pouvoir d'achat intérieur de la monnaie

(1 franc = 5 mark-papier, 1 shilling = 11 mark-papier)

BÉNÉFICES INDUSTRIELS ET COMMERCIAUX

Contribuable marié ayant 4 enfants de moins de 21 ans à sa charge

REVENUS.			IMPOTS.					
			FRANCE.		ANGLETERRE.		ALLEMAGNE.	
En mark.	En francs.	En shilling.	En francs.	0/0.	En shilling.	0/0.	En mark.	0/0.
10 000	2 000	900	27	1,35	—	—	—	—
20 000	4 000	1 800	71	1,77	—	—	80	0.40
30 000	6 000	2 700	137	2,28	—	—	1 080	3,60
50 000	10 000	4 500	269	2,69	—	—	3 080	6,16
100 000	20 000	9 000	989	4,95	189	2,10	14 060	14,06
250 000	50 000	22 500	3 994	8,00	3 348	14,88	63 000	25,20
500 000	100 000	45 000	12 319	12,32	9 948	21,11	160 500	32,10
1 000 000	200 000	90 000	39 773	19,89	28 823	32,03	385 500	38,55
5 000 000	1 000 000	450 000	427 600	42,76	224 073	49,79	2 710 500	54,21
10 000 000	2 000 000	900 000	967 605	48,38	490 323	54,48	5 710 500	57,11

TABLEAU COMPARATIF DE L'IMPOSITION DU REVENU EN FRANCE EN ANGLETERRE ET EN ALLEMAGNE

Compte tenu du pouvoir d'achat intérieur de la monnaie

(1 franc = 5 mark-papier ; 1 shilling = 11 mark-papier.)

REVENUS PROVENANT DE CAPITAUX MOBILIERS

Contribuable non marié âgé de plus de 30 ans

REVENUS.			IMPOTS.					
			FRANCE.		ANGLETERRE.		ALLEMAGNE.	
En mark.	En francs.	En shilling.	En francs.	0/0.	En shilling.	0/0.	En mark.	0/0.
10 000	2 000	900	200	10,00	—	—	1 660	16,60
20 000	4 000	1 800	400	10,00	—	—	3 560	17,80
30 000	6 000	2 700	600	10,00	—	—	5 460	18,20
50 000	10 000	4 500	1 075	10,75	270	6,00	9 260	18,52
100 000	20 000	9 000	2 300	11,50	1 215	13,50	23 000	23,00
250 000	50 000	22 500	7 100	14,20	5 265	23,40	79 250	31,70
500 000	100 000	45 000	19 100	19,10	12 390	27,53	190 500	38,10
1 000 000	200 000	90 000	53 600	26,80	31 265	34,74	440 500	44,05
5 000 000	1 000 000	450 000	532 600	53,26	226 515	50,34	2 910 500	58,21
10 000 000	2 000 000	900 000	1 195 100	59,75	492 765	54,75	6 110 500	61,11

TABLEAU COMPARATIF DE L'IMPOSITION DU REVENU EN FRANCE EN ANGLETERRE ET EN ALLEMAGNE

Compte tenu du pouvoir d'achat intérieur de la monnaie

(1 franc = 5 mark-papier ; 1 shilling = 11 mark-papier.)

REVENUS PROVENANT DE CAPITAUX MOBILIERS

Contribuable marié ayant deux enfants de moins de 21 ans à sa charge

REVENUS.			IMPOTS.					
			FRANCE.		ANGLETERRE.		ALLEMAGNE.	
En mark.	En francs.	En shilling.	En francs.	0/0.	En shilling.	0/0.	En mark.	0/0.
10 000	2 000	900	200	10,00	—	—	1 000	10,00
20 000	4 000	1 800	400	10,00	—	—	2 600	13,00
30 000	6 000	2 700	600	10,00	—	—	4 500	15,00
50 000	10 000	4 500	1 000	10,00	—	—	8 300	16,60
100 000	20 000	9 000	2 090	10,45	486	5,40	22 280	22,28
250 000	50 000	22 500	6 044	12,09	347	19,32	79 250	31,70
500 000	100 000	45 000	15 544	15,54	11 472	25,49	190 500	38,10
1 000 000	200 000	90 000	42 590	21,30	30 347	33,72	440 500	44,05
5 000 000	1 000 000	450 000	438 580	43,86	225 597	50,13	2 910 500	58,21
10 000 000	2 000 000	900 000	988 580	49,43	491 847	54,65	6 110 500	61,11

TABLEAU COMPARATIF DE L'IMPOSITION DU REVENU EN FRANCE EN ANGLETERRE ET EN ALLEMAGNE

Compte tenu du pouvoir d'achat intérieur de la monnaie

(1 franc = 5 mark-papier ; 1 shilling = 11 mark-papier.)

REVENUS PROVENANT DE CAPITAUX MOBILIERS

Contribuable marié ayant quatre enfants de moins de 21 ans à sa charge

REVENUS.			IMPOTS.					
			FRANCE.		ANGLETERRE.		ALLEMAGNE.	
En mark.	En francs.	En shilling.	En francs.	0/0.	En shilling.	0/0.	En mark.	0/0.
10 000	2 000	900	200	10,00	—	—	1 000	10,00
20 000	4 000	1 800	400	10,00	—	—	2 000	10,00
30 000	6 000	2 700	600	10,00	—	—	3 780	12,60
50 000	10 000	4 500	1 000	10,00	—	—	7 580	15,16
100 000	20 000	9 000	2 011	10,05	324	3,60	21 560	21,56
250 000	50 000	22 500	5 690	11,38	4 023	17,88	79 250	31,70
500 000	100 000	45 000	14 155	14,16	11 148	24,77	190 500	38,10
1 000 000	200 000	90 000	38 105	19,05	30 023	33,36	440 500	44,05
5 000 000	1 000 000	450 000	432 580	43,26	225 273	50,06	2 910 500	58,21
10 000 000	2 000 000	900 000	982 580	49,13	491 523	54,61	6 110 500	61,11

TABLEAU COMPARATIF DE L'IMPOSITION DU REVENU EN FRANCE ET EN ALLEMAGNE

Compte tenu du pouvoir d'achat intérieur de la monnaie

REVENUS PROVENANT D'UNE EXPLOITATION AGRICOLE.

Contribuable non marié âgé de plus de 30 ans

REVENUS.		IMPOTS.			
		FRANCE.		ALLEMAGNE.	
En mark.	En francs.	En francs.	0/0.	En mark.	0/0.
10 000	2 000	88	4,40	760	7,60
20 000	4 000	198	4,95	1 760	8,80
30 000	6 000	320	5,33	2 760	9,20
50 000	10 000	695	6,95	4 760	9,52
100 000	20 000	1 705	8,53	15 500	15,50
250 000	50 000	5 950	11,90	63 000	25,20
500 000	100 000	17 248	17,25	160 500	32,10
1 000 000	200 000	50 487	25,24	385 500	38,55
5 000 000	1 000 000	524 203	52,42	2 710 500	54,21
10 000 000	2 000 000	1 178 370	58,91	5 710 500	57,11

On suppose qu'il s'agit d'un propriétaire exploitant ses terres pour son propre compte. La comparaison se trouve donc limitée à la France et l'Allemagne, puisque pratiquement ce cas n'existe guère en Angleterre.

TABLEAU COMPARATIF DE L'IMPOSITION DU REVENU EN FRANCE ET EN ALLEMAGNE

Compte tenu du pouvoir d'achat intérieur de la monnaie

REVENUS PROVENANT D'UNE EXPLOITATION AGRICOLE

Contribuable marié ayant deux enfants de moins de 21 ans à sa charge

Revenus.		IMPOTS.			
		FRANCE.		ALLEMAGNE.	
En mark.	En francs.	En francs.	0/0.	En mark.	0/0.
10 000	2 000	88	4,40	—	—
20 000	4 000	195	4,88	800	4,00
30 000	6 000	312	5,20	1 800	6,00
50 000	10 000	587	5,87	3 800	7,60
100 000	20 000	1 438	7,19	14 780	14,78
250 000	50 000	4 693	9,38	63 000	25,20
500 000	100 000	13 229	13,23	160 500	32,10
1 000 000	200 000	38 562	19,28	385 500	38,55
5 000 000	1 000 000	427 086	42,71	2 710 500	54,21
10 000 000	2 000 000	965 974	48,30	5 710 500	57,11

On suppose qu'il s'agit d'un propriétaire exploitant ses terres pour son propre compte. La comparaison se trouve donc limitée à la France et l'Allemagne, puisque pratiquement ce cas n'existe guère en Angleterre.

TABLEAU COMPARATIF DE L'IMPOSITION DU REVENU EN FRANCE ET EN ALLEMAGNE

Compte tenu du pouvoir d'achat intérieur de la monnaie

REVENUS PROVENANT D'UNE EXPLOITATION AGRICOLE

Contribuable marié ayant quatre enfants de moins de 21 ans à sa charge

Revenus.		IMPOTS.			
		FRANCE.		ALLEMAGNE.	
En mark.	En francs.	En francs.	0/0.	En mark.	0/0.
10 000	2 000	88	4,40	—	—
20 000	4 000	189	4,73	80	0,40
30 000	6 000	296	4,93	1 080	3,60
50 000	10 000	537	5,37	3 080	6,16
100 000	20 000	1 184	5,92	14 060	14,06
250 000	50 000	4 113	8,23	63 000	25,20
500 000	100 000	11 341	11,34	160 500	32,10
1 000 000	200 000	33 340	16,67	385 500	38,55
5 000 000	1 000 000	420 786	42,08	2 710 500	54,21
10 000 000	2 000 000	959 674	47,99	5 710 500	57,11

On suppose qu'il s'agit d'un propriétaire exploitant ses terres pour son propre compte. La comparaison se trouve donc limitée à la France et l'Allemagne, puisque pratiquement ce cas n'existe guère en Angleterre.

SOUS-ANNEXE III

RECETTES ET DÉPENSES DE L'ADMINISTRATION DES IMPOTS ET DES DOUANES D'APRÈS LE BUDGET DE L'EXERCICE 1922.

A. — Administration des impôts

	Mark.
Recettes.	71 193 750 000
Dépenses	2 499 755 215

Dépenses : 3,5 o/o des recettes.

B. — Administration des douanes

Recettes.	26 334 207 042
Dépenses	1 545 382 250

Dépenses : 5,8 o/o des recettes.

C. — Total pour l'administration des finances

Recettes.	97 527 957 042
Dépenses	4 045 137 465

Dépenses : 4,1 o/o des recettes.

Les dépenses exceptionnelles ne figurent pas dans les chiffres ci-dessus. En tenant compte des dépenses exceptionnelles on arrive au tableau suivant des dépenses :

	Mark.	
A. Pour l'administration des impôts	2 632 62. 915	= 3,7 o/o des recettes.
B. Pour l'administration des douanes.	1 696 793 550	= 6,4 o/o —
C. Total pour l'administration des finances .	4 329 417 465	= 4,4 o/o —

SOUS-ANNEXE IV

MESURES CONTRE L'ÉVASION DES CAPITAUX

Pendant la guerre, l'Allemagne avait déjà pris des mesures pour empêcher les contribuables de se soustraire aux impôts et pour éviter une évasion des capitaux à l'étranger : elle a renforcé ces mesures immédiatement après la Révolution. Plus tard, à différentes reprises elle a complété et perfectionné la législation concernant cette matière afin de combler des lacunes constatées lors de la mise en pratique des lois. Il faut faire une distinction entre :

1° La législation ayant pour but d'empêcher les contribuables de se soustraire à l'impôt (évasion des capitaux dans le sens subjectif) et

2° La législation ayant pour but d'empêcher l'exode des capitaux (évasion des capitaux dans le sens objectif).

La législation destinée à empêcher les contribuables de se soustraire à l'impôt a pour but de prévenir que les intérêts du fisc ne soient lésés du chef d'événements concernant la personne du contribuable, par exemple la translation du domicile ou de la résidence à l'étranger. Les lois contre l'exode des capitaux règlent les mesures de surveillance à prendre par rapport aux virements réciproques de capitaux entre l'Allemagne et l'étranger. Les lois établies à cet égard sont destinées à se compléter l'une l'autre, la législation pour empêcher les contribuables de se soustraire à l'impôt permettant de prendre des mesures de précaution à l'égard de la personne du contribuable, dans le cas où la surveillance établie par la législation contre l'évasion des capitaux et exercée sur les virements réciproques des capitaux entre l'Allemagne et l'étranger viendrait à révéler des faits qui seraient de nature à rendre suspecte la personne du contribuable en question.

I. — Législation destinée a empêcher le contribuable de se soustraire a l'impôt

1. *Loi du 26 juillet 1918* (Reichsgesetzblatt, p. 951).

Cette loi établit que les ressortissants du Reich qui quittent leur résidence à l'intérieur restent passibles des impôts personnels jusqu'à la fin de la troisième année à dater de la fin de l'année où la guerre a été terminée avec toutes les Puissances principales, et que, pour assurer l'acquittement de ces impôts ils sont tenus de donner en garantie 20 o/o de leur fortune. En exécution de cette loi, les bureaux de passeports ont reçu l'instruction de n'apposer leurs visas pour des voyages à l'étranger que lorsque le voyageur aura obtenu le consentement du bureau de Finances compétent. Le cas échéant, c'est-à-dire la situation du voyageur étant en règle, le bureau de Finances lui délivre un certificat qui constate qu'au point de vue fiscal rien ne s'oppose au voyage projeté.

2. *Loi du 24 juin* 1919 *complétant la loi destinée à empêcher le contribuable de se soustraire à l'impôt* (Reichsgesetzblatt, p. 583).

La loi autorise les bureaux de Finances à fixer à 50 o/o de la fortune du contribuable le montant de la garantie qui peut lui être demandée de par la loi du 26 juillet 1918. En outre, elle établit que cette garantie peut être réclamée non seulement lorsque le contribuable quitte définitivement sa résidence à l'intérieur, mais encore au cas où il se produirait des circonstances de nature à justifier la supposition qu'un contribuable cherche à soustraire à l'imposition des valeurs faisant partie de sa fortune.

II. — Législation contre l'exode des capitaux

1. *Loi contre la fuite des capitaux du 24 décembre 1920* (Reichsgesetzblatt, p. 33, 1921), *modifiée par les lois du 4 juillet 1921* (Reichsgesetzblatt, p. 808) *et du 22 décembre 1921* (Reichsgesetzblatt, 1921, p. 1607).

La loi du 4 juillet 1921 rassemble les dispositions légales en vigueur dispersées jusqu'alors dans différentes lois et ordonnances concernant les virements réciproques de capitaux entre l'Allemagne et l'étranger.

Des valeurs mobilières et des instruments de payement de toute sorte, à l'exception de ceux énumérés au paragraphe 6 de la loi, ne peuvent être envoyés ou emportés à l'étranger que par l'intermédiaire d'une maison de banque. Les banques pour leur part ne sont autorisées à exécuter des ordres, à expédier ou à faire emporter à l'étranger des valeurs mobilières et des instruments de payement, à virer des sommes à l'étranger ou bien à les virer à l'intérieur au compte d'un étranger que sous condition que celui qui donne l'ordre à la banque lui remet une déclaration en bonne et due forme relative à l'objet de la transaction, déclaration que la banque devra transmettre à l'Administration fiscale compétente. Cette mesure a pour but de mettre l'Administration fiscale à même de surveiller les virements réciproques de capitaux entre des contribuables allemands et des étrangers.

En exécution de la loi l'ensemble des transactions des banques est contrôlé annuellement par un fonctionnaire spécial. Par cette mesure et par la prescription qui enjoint aux banques de remettre chaque année à l'Administration fiscale la liste de leurs clients, le secret des transactions bancaires se trouve être aboli en Allemagne.

Afin d'empêcher que des individus sujets à caution ne fondent de nouvelles entreprises bancaires dans le but de profiter de la situation de confiance faite aux maisons de banque, la loi prescrit en outre que jusqu'au 31 décembre 1924 des opérations de dépôts ne peuvent être effectuées que par les maisons de banque qui, à la date du 12 septembre 1919, s'étaient conformées à l'obligation de faire au fisc les déclarations prescrites par le paragraphe 76 de la loi de l'Empire sur le timbre.

2. *Ordonnance concernant les mesures relatives à l'évasion des capitaux.* (Ordonnance du 24 octobre 1919. Reichsgesetzblatt, p. 1820.)

Cette ordonnance place le payement des coupons de toutes les valeurs mobilières allemandes sous le contrôle de l'Administration fiscale, mesure qui permet à celle-ci d'apprendre le chiffre global des sommes placées en valeurs mobilières allemandes par des personnes imposables en Allemagne.

III

Outre les lois et ordonnances mentionnées aux paragraphes I et II, les lois et ordonnances suivantes ayant trait à la lutte contre l'évasion des capitaux doivent être signalées.

1. *Ordonnance relative au contrôle du courrier et des té-*

légrammes à destination et en provenance de l'étranger (Ordonnance du 15 novembre 1918. Reichsgesetzblatt, p. 1324).

Cette ordonnance prescrit que dans l'intérêt du fisc un contrôle des lettres et des télégrammes à destination et en provenance de l'étranger sera effectué par les fonctionnaires du service de surveillance postale attaché au Ministère des Finances du Reich.

2. *Loi concernant le cachetage des manuscrits, imprimés, valeurs mobilières et instruments de payement emportés par des voyageurs franchissant la frontière* (Loi du 1er mars 1919. Reichsgesetzblatt, p. 265).

La loi établit que les manuscrits, imprimés, valeurs mobilières et instruments de payement ne peuvent être emportés par des voyageurs franchissant la frontière du Reich qu'après avoir été examinés et cachetés par l'administration compétente.

3. *Loi concernant l'indulgence en matière de fausses déclarations des contribuables* (Loi du 3 janvier 1920. Reichsgesetzblatt, p. 45).

Le paragraphe 3 de cette loi établit que les fortunes que le contribuable aurait intentionnellement omis de déclarer lors de l'assiette de la taxe de guerre sur l'accroissement de la fortune ou du Reichsnotopfer seront confisquées au profit du Reich. Cette confiscation s'étend aux fortunes se trouvant à l'étranger que le contribuable aurait omis de déclarer.

SOUS-ANNEXE V

PROJET D'ACCORD ENTRE LE REICH ET.....
POUR LA PROTECTION ET L'AIDE JURIDIQUES A APPORTER EN MATIÈRE D'IMPOTS

Article I

Dans l'esprit de cet accord seront censées être des impôts les taxes officielles pour autant que du côté du Reich elles sont perçues au bénéfice du Reich et des Etats fédérés et que du côté de.... elles sont perçues à celui de l'Etat et que des deux côtés elles sont perçues sous forme de suppléments et de contributions pour le compte d'autres corporations de droit public à percevoir avec lesdites taxes.

I. — PROTECTION JURIDIQUE EN MATIÈRE D'IMPOTS

Article II

Les nationaux de l'un de ces Etats seront soumis sur le territoire de l'autre au même système fiscal et jouiront en particulier de la même protection devant les autorités fiscales, devant les tribunaux, devant les tribunaux administratifs et devant les tribunaux statuant sur des questions fiscales.

Des personnes morales y compris les sociétés et des corporations, institutions, fondations et d'autres fortunes utilisées pour buts spéciaux qui, sans avoir une personnalité juridique propre sont sujettes à l'imposition comme telles, seront, à condition d'être établies sur le territoire de l'un des Etats et d'être reconnues comme légitimes par sa législation, soumises sur le territoire de l'autre Etat au même système fiscal que les propres contribuables de ce même Etat (alinéa 1).

II. — AIDE JURIDIQUE EN MATIÈRE D'IMPOTS

ARTICLE III

Chacun des Etats s'engage à une assistance juridique et administrative réciproque en toute question d'impôt et en toute affaire concernant la fuite des capitaux ou le détournement des contributions, et ceci tant pour ce qui est de l'établissement et la réglementation d'impôts et de garanties que pour ce qui est des différents recours en droit et du recouvrement de ces impôts.

ARTICLE IV

En matière d'impôts, la transmission de pièces de toute sorte et le règlement de demandes d'assistance juridique et administrative, se font par la voie des relations officielles directes des autorités des deux Etats, sous la réserve des clauses spéciales relatives au recouvrement (Art. XI-XIII).

Pour la transmission directe de demandes de remise et d'autres demandes d'assistance juridique et administrative ainsi que pour l'acceptation de ces pièces les « Landesfinanzämter » sont l'autorité compétente.

Si l'autorité invoquée se trouve incompétente en cet endroit, la demande devra être transmise par elle d'office à l'autorité compétente et l'autorité invoquante en devra être avisée incessamment.

ARTICLE V

La requête sera, abstraction faite des cas mentionnés

dans l'Article VI, alinéa 2, rédigée dans la langue officielle ou de l'Etat invoquant ou de l'Etat invoqué, à moins que des causes contractuelles ou des dispositions légales spéciales n'aillent déterminer autre chose. Les requêtes porteront l'indication de l'autorité invoquante, le nom et la qualité (profession) des intéressés, ainsi que, en cas de transmission, l'adresse du destinataire et la nature de la pièce à transmettre.

Article VI

L'autorité compétente de l'Etat invoqué se chargera du soin de faire parvenir à destination la ou les pièces en question. Cette autorité peut, à l'exclusion des cas prévus à l'alinéa 2, se borner à effectuer la transmission des pièces moyennant remise de celles-ci au destinataire, s'il consent à les accepter.

Sur la demande de l'Etat invoquant, la pièce à transmettre devra être transmise dans la forme prescrite pour l'effectuation de transmissions analogues par la législation interne de l'Etat invoqué, pourvu que ladite pièce soit rédigée dans la langue officielle de l'Etat invoqué (c. fr. art. V) ou accompagnée d'une traduction dans cette langue. Dans ce cas-là, la requête devra, elle aussi, être rédigée dans la langue officielle de l'Etat invoqué ou être accompagnée d'une traduction.

Sous réserve d'un accord différent ultérieur, les traductions prévues à l'alinéa précédent devront être certifiées conformes par le chef de l'autorité chargée de transmettre la requête.

Article VII

La transmission du document sera prouvée, soit par un accusé de réception du destinataire portant une date et dûment certifié, soit par un certificat délivré par l'autorité de l'Etat invoqué et d'où il résultera le fait, la forme et la date ainsi que l'heure de la remise.

Article VIII

L'autorité à qui serait adressée la requête est tenue d'y satisfaire et de prendre les mêmes mesures de coercition qui seraient appliquées pour répondre à une demande faite par l'autorité de cet Etat invoqué lui-même ou pour pouvoir donner les suites qu'elle comporte à une requête faite dans le même but par un intéressé. La forme donnée à cet acte de répondre à la demande est conforme, elle aussi, aux lois en vigueur dans l'Etat invoqué; cependant, sur la demande de l'autorité invoquante, une forme particulière devra être adoptée, à condition de ne pas être en opposition avec la législation en vigueur dans l'Etat invoqué.

L'application d'une mesure de coercition admissible sur le territoire de l'Etat invoqué est illicite pourvu que, dans le cas d'une demande analogue, l'Etat invoquant se trouvât dans l'impossibilité d'adopter la même mesure de coercition.

Sur sa demande, l'autorité invoquante devra être avertie de la date et de l'heure ainsi que du lieu de l'action à laquelle il faut, à la suite de la demande, procéder. Les intéressés seront en droit de se faire remplacer pendant ladite action, conformément aux dispositions légales générales en vigueur dans l'Etat invoqué ou bien d'y assister.

Article IX

Pour l'acte de donner suite à des demandes de transmission et à des requêtes, aucun droit ni charge ne sera perçu, à l'exception, sous réserve d'un accord différent ultérieur, des indemnités payées à des personnes informatrices ou à des experts ainsi qu'à l'exception des débours résultant de la coopération d'un organe exécutif dans les cas de l'Article VI, alinéa 2, ou bien de l'application d'un procédé particulier, conformément à l'Article VIII, alinéa 1.

Article X

En ce qui concerne l'assistance juridique à prêter au recouvrement des impôts, les clauses du présent accord y seront appliquées, à moins que les Articles XI-XIII n'aillent prescrire autre chose.

Article XI

Sur demande à adresser par l'autorité fiscale suprême de l'un des deux Etats au service correspondant de l'autre Etat des ordonnances inattaquables (décisions, arrêtés, ordres) en matière d'impôts devront être reconnues comme valides et être mises à exécution sans frais. La reconnaissance devra être formellement exprimée.

Les ordonnances visées dans l'alinéa 1 seront, sans audition des parties, mises à exécution, conformément aux lois de l'Etat où se poursuit la mise à exécution.

A la requête demandant la mise à exécution il devra être joint une déclaration faite par l'autorité compétente de l'Etat invoquant et qui indique l'incontestabilité de l'ordonnance dont il s'agit. La compétence de cette autorité devra être certifiée par l'autorité fiscale suprême de ce même Etat.

L'arrêt décisoire de l'ordonnance en question devra être accompagné d'une traduction qui, sous réserve d'un accord différent ultérieur, sera rédigée dans la langue officielle de l'Etat invoqué (voir Article V).

La déclaration et l'attestation, visées à l'alinéa 3, et la traduction visée à l'alinéa 4, devront être certifiées conformes par l'autorité fiscale suprême de l'Etat invoquant ou par un interprète-juré de l'Etat invoqué.

Article XII

En vertu d'ordonnances exécutoires mais non encore devenues inattaquables, il pourra être demandé une garantie provisoire par voie de saisie vis-à-vis de nationaux de l'Etat invoquant. La personne frappée par les effets de cet acte sera en droit d'amener la levée de la saisie moyennant nantissement dont la nature et le montant devront être déterminés dans la requête.

Article XIII

A une requête demandant une mise à exécution ou une garantie d'un genre bien déterminé, il faudra donner suite, pour autant que ce genre de mise à exécution ou de garantie se trouve être licite d'après la législation tant de l'Etat invoquant que de l'Etat invoqué. Au demeurant, le mode et la réalisation de la mise à exécution ou de la garantie seront régis par la législation de l'Etat invoqué.

Article XIV

Les assistances administrative et juridique ne seront pas accordées à l'égard de nationaux de l'Etat invoqué qui ont leur résidence ou font un séjour permanent sur le territoire de cet Etat. Cette disposition ne s'applique pas aux assistances administrative et juridique accordées en vue de faire droit à des réclamations que le fisc de l'Etat invoquant était bien-fondé à faire valoir contre le contribuable à un moment où il avait encore la nationalité de cet Etat.

L'octroi des assistances administrative et juridique pourra être refusé si l'Etat dont le secours est invoqué estime mettre ainsi en danger sa sécurité ou son droit de souveraineté.

Des requêtes entraînant sur le territoire de l'Etat invoqué des recherches de renseignements, d'avis ou de parères autorisés de la part de personnes non contribuables pourront être refusées en tant que l'Etat invoquant se trouve, de son côté, être, du fait de sa propre législation, dans l'impossibilité de réclamer des renseignements, avis ou parères analogues. Il en est de même des requêtes visant à avoir des renseignements au sujet de faits ou de relations d'ordre juridique, pourvu qu'on ne soit parvenu à la connaissance de ces faits ou de ces relations d'ordre juridique que grâce à l'accomplissement d'une obligation de donner les renseignements, avis ou parères demandés, laquelle obligation n'existerait pas sur le territoire de l'Etat invoquant. La même disposition s'applique à toute requête entraînant la révélation de secrets commerciaux, industriels ou professionnels.

ARTICLE XV

S'il a été intégralement ou partiellement donné suite à la requête, l'autorité invoquée indiquera aussitôt à l'autorité invoquante de quelle façon l'affaire a été mise en règle.

Pour autant que suite n'aurait pas été donnée à la requête, l'autorité invoquée en informera de suite l'autorité invoquante en indiquant en même temps les raisons ainsi que d'autres circonstances venues à sa connaissance et à considérer pour la reprise de l'affaire.

Article XVI

La législation d'un Etat relativement au secret imposé aux fonctionnaires et à leur discrétion obligatoire sera appliquée aux demandes d'information, aux rapports, ainsi qu'à d'autres communications qui, par la voie de l'assistance juridique, parviendraient à cet Etat.

III. — LÉGISLATION D'ACTES

Article XVII

Les actes dressés, délivrés ou certifiés par des tribunaux statuant sur des questions d'ordre financier de l'un des Etats n'auront pas, pour pouvoir être utilisés sur le territoire de l'autre Etat en matière d'impôts, besoin d'une législation s'ils sont revêtus du sceau ou du cachet de ce tribunal.

Feront également partie des documents sus-visés les actes signés du greffier, pourvu que, d'après la législation de l'Etat sur le territoire duquel se trouve le tribunal en question, cette signature soit censée suffire.

Article XVIII

Des actes dressés, délivrés ou certifiés par l'autorité fiscale suprême ou une autorité fiscale suprême de l'un des deux Etats, puis revêtus du sceau ou du cachet de cette autorité, n'auront pas, pour pouvoir être utilisés en matière d'impôts sur le territoire de l'autre Etat, besoin d'une législation.

Les deux Etats notifieront sous forme d'une liste les

autorités entrant en ligne de compte, liste qui sera à tout moment susceptible d'être, d'un commun accord, modifiée ou complétée par voie administrative.

IV. — CLAUSES FINALES

Article XIX

Les deux Etats s'engagent à conclure l'un avec l'autre un accord relativement à l'assistance juridique qu'ils auront à se prêter réciproquement pour des causes correctionnelles en matière d'impôt. Cet accord projeté comportera également le règlement de l'obligation réciproque d'extradition pour détournement intentionnel d'impôts et pour manquements intentionnels aux lois promulguées contre la fuite du capital et contre le détournement d'impôts, et ceci tant à l'égard des personnes réclamées par la justice qu'à l'égard des biens saisis ou déclarés confisqués par un jugement rendu en forme probante dans une procédure criminelle sans appel rendue par une autorité financière.

Article XX

Les autorités fiscales suprêmes des deux Etats seront en droit de conclure encore d'autres accords dans le sens de la présente Convention. Elles pourront notamment convenir de dispositions relatives au versement du produit d'une exécution par huissier et relatives à la fixation d'un cours moyen pour la conversion des sommes par rapport auxquelles et en raison desquelles il faut procéder à une exécution par huissier.

Article XXI

Le présent Accord, dont l'original est rédigé en allemand et en ....., devra être ratifié, et les instruments de ratification devront aussitôt que possible être échangés à ...... Il entrera en vigueur le jour même de la ratification et restera valable tant qu'une des Hautes Parties Contractantes ne l'aura, au plus tard six mois avant l'expiration d'une année, dénoncé. Dans le cas d'une dénonciation en temps voulu, l'Accord deviendra caduc lorsque se terminera cette année.

Chacun des deux textes de l'Accord sera authentique. L'Accord ratifié sera publié sous la forme de ses deux textes authentiques dans le Bulletin officiel des Lois de chacun des deux Etats.

En foi de quoi, les Plénipotentiaires de chacun des deux Etats ont signé ces Accords et apposé leurs sceaux.

ANNEXE II

APERÇU CONCERNANT LA CLOTURE DU BUDGET POUR 1922

Afin de faciliter un coup d'œil d'ensemble, le budget de l'exercice 1922 a été divisé en trois parties principales :

1. Administration générale du Reich;
2. Administrations d'exploitation;
3. Exécution du Traité de Versailles.

Dans chacune de ces trois divisions, l'on distingue le budget ordinaire du budget extraordinaire.

Le budget ordinaire contient les recettes et dépenses permanentes et uniques, nécessaires à couvrir les besoins courants.

Le budget extraordinaire comprend :

a) Les recettes ordinaires;

b) Les dépenses uniques dans des buts d'acquisition;

c) Les dépenses uniques étant la conséquence inévitable de la guerre;

d) Celles des dépenses résultant de l'exécution du Traité de Versailles et que l'on ne prévoit pas devoir se reporter sur une longue période.

I. — ADMINISTRATION GÉNÉRALE DU REICH

a) BUDGET ORDINAIRE

Recettes.	Mark.
1. Impôts sur la fortune et impôts de transports	71 170 800 000
2. Douanes et impôts de consommation.	25 457 200 000
3. Autres taxes, etc.	1 836 489 041
4. Diverses recettes administratives	4 744 366 636
Total des recettes	103 208 855 677

Dépenses.	Mark.
1. Dépenses permanentes	83 657 942 168
2. Dépenses uniques	3 050 913 509
3. Excédent disponible pour le budget d'exécution du Traité de Versailles.	16 500 000 000
Total des dépenses	103 208 855 677

b) BUDGET EXTRAORDINAIRE

Recettes.	Mark.
Recettes	1 849 656 380
A procurer par l'emprunt	3 095 461 234
Total des recettes	4 945 117 614

Dépenses.	Mark.
Dépenses	4 945 117 614
Total des dépenses	4 945 117 614

II. — ADMINISTRATION D'EXPLOITATION

a) BUDGET ORDINAIRE

1. *Administration des Postes et Télégraphes*

Recettes.	Mark.
Recettes	16 247 350 885
Total des recettes	16 247 350 885

Dépenses.	Mark.
1. Dépenses permanentes	15 926 531 905
2. Dépenses uniques	320 818 980
Total des dépenses	16 247 350 885

2. *Imprimerie du Reich*

Recettes.	Mark.
Recettes	499 150 000
Total des recettes	499 150 000

Dépenses.	Mark.
1. Dépenses permanentes	481 507 810
2. Excédent d'exploitation	6 485 473
3. Dépenses uniques	11 156 717
Total des dépenses	499 150 000

3. *Administration des chemins de fer allemands*

Recettes.	Mark.
Recettes	71 998 628 000
Total des recettes	71 998 628 000

Dépenses.	Mark.
Dépenses permanentes	71 998 628 000
Total des dépenses.	71 998 628 000

b) BUDGET EXTRAORDINAIRE

1. *Administration des Postes et Télégraphes*

Recettes.	Mark.
Recettes	78 000 000
A procurer par l'emprunt	2 456 459 750
Total des recettes.	2 534 459 750

Dépenses.	Mark.
Dépenses.	2 534 459 750
Total des dépenses	2 534 459 750

2. *Administration des chemins de fer allemands*

Recettes.	Mark.
Recettes	6 500 000
A procurer par l'emprunt.	6 782 759 000
Total des recettes.	6 789 259 000

Dépenses.	Mark.
Dépenses	6 789 259 000
Total des dépenses	6 789 259 000

III. — EXÉCUTION DU TRAITÉ DE VERSAILLES

Recettes.	Mark.
Excédent des recettes générales d'administration	16 500 000 000
A procurer par l'emprunt.	171 031 696 076
Total des recettes	187 531 696 076

Dépenses.	Mark.
Dépenses au budget ordinaire	147 687 168 000
Dépenses au budget extraordinaire. . .	39 844 528 076
Total des dépenses	187 531 696 076

Les chiffres indiqués ci-dessus correspondent à ceux du devis budgétaire de l'exercice 1922, modifié suivant les décisions du Reichsrat et actuellement soumis au Reichstag. Il est possible que d'autres modifications résultent des délibérations du Reichstag. Les votes émis au sujet des propositions fiscales amenèrent des changements à quelques articles des recettes, lesquels n'auront d'ailleurs pas d'influence sur le résultat final.

ANNEXE III

APERÇU DES RÉFORMES PROJETÉES ET ENVISAGÉES CONCERNANT LES POSTES ET LES CHEMINS DE FER

A. — Administration des chemins de fer

I

Lorsque, à la date du 1er avril 1920, le Reich a pris possession des chemins de fer, ceux-ci se trouvaient, quant à leur administration économique et financière, dans une situation très défavorable.

A la suite de l'effondrement de la vie économique, le trafic avait tellement baissé que les installations existantes du chemin de fer n'ont pu être mises à profit que d'une manière insuffisante.

L'appareil technique, et particulièrement le parc de voitures, avait tellement été mis à contribution pendant la guerre et tellement amoindri par les abandons prescrits par la convention d'armistice, qu'il n'était pas possible de satisfaire toujours au trafic, malgré sa diminution.

A la suite du relâchement général amené par la débâcle, tout l'appareil administratif fonctionnait anticommercialement. Spécialement, pendant l'époque de la démobilisation, il s'était produit une surabondance, d'ailleurs inévitable, de personnel, laquelle préjudiciait également l'exploitation normale.

Les tarifs n'avaient pu suivre que de loin l'augmentation des frais. Etant donné cette situation, l'Administration des chemins de fer s'est trouvée en présence d'un nombre considérable de tâches difficiles, qu'il n'était pas possible de résoudre immédiatement et en même temps.

Il fallait tout d'abord rétablir l'ordre dans le service et dans l'appareil technique, quant à ce dernier, d'une manière insuffisante — afin de pouvoir satisfaire aux besoins existants du trafic.

De plus, il a fallu soumettre tout le matériel technique à un rétablissement radical.

Enfin, il fallait procéder méthodiquement et progressivement, de façon à amener les tarifs aux frais de revient, ce qui a présenté des difficultés extraordinaires. A la suite de la chute rapide de la valuta allemande et de l'augmentation adéquate de tous les prix indigènes, il s'est fait plus d'une fois qu'une augmentation des tarifs, dont l'exécution demande en général une longue préparation, résultant des difficultés techniques, se trouvait être insuffisante au moment de sa mise en vigueur. L'on s'aperçut bientôt que l'exploitation, ainsi que le rétablissement du matériel technique n'étaient possibles qu'au prix de débours extrêmement élevés. La cause se trouve dans les circonstances suivantes :

1. La journée de huit heures, et la nécessité de procurer un emploi aux employés de chemin de fer, rentrant de la guerre et des pays occupés, ainsi qu'aux autres hommes revenant de la guerre et étant dans le besoin;

2. L'augmentation du prix du matériel, notamment du charbon;

3. Le rendement insuffisant des ateliers, provoqué par

l'usure du matériel technique et par la suppression du travail à la tâche.

Ces causes principales du déficit sont toutefois les mêmes qui ont amené les déficits dans la plupart des chemins de fer européens, et que la Commission d'enquête du Parlement français a constatés en 1921 par rapport aux chemins de fer français.

Les explications suivantes, étayées de chiffres, montreront jusqu'à quel point l'Administration des chemins de fer de l'Allemagne a réussi, pendant une activité d'un an et 3/4, à accomplir la tâche qui lui était confiée.

II

1. *Evolution du rapport financier des chemins de fer de l'Etat en général*

Le coefficient d'exploitation (proportion entre les dépenses et les recettes de l'exploitation, celles-ci étant portées à 100) comporte :

Pour l'année 1920	172,9 o/o
Pour l'année 1921	121,0 o/o

En 1922, d'après les prévisions budgétaires, les dépenses sont couvertes par les recettes. Ainsi donc le déficit disparaît.

2. *Mesures appliquées.*

a) Le maximum du chiffre du personnel en 1919 dépassait de 12,6 o/o celui d'après le budget de 1922.

b) Afin de diminuer davantage encore le personnel, une loi sur les heures de travail sera votée, laquelle adaptera la journée de huit heures aux circonstances spéciales de l'exploitation du chemin de fer, tout en supprimant son application mécanique.

3. *Exploitation.*

a) Les résultats d'exploitation (calculée par kilomètres-wagon) comparés à la mauvaise situation de 1919, seront augmentés, d'après le budget de 1922, de 26,3 o/o.

b) En vue d'améliorer le rendement de l'exploitation, le système de travail à la tâche et des primes sera étendu.

4. *Ateliers.*

a) Le travail à la tâche a été introduit presque partout et a amené une augmentation considérable du rendement des ateliers. Dans la partie du réseau, correspondant à l'ancien réseau prusso-hessois, le nombre des machines examinées et réparées est de 104 o/o supérieur à celui de 1913.

b) Grâce à une toute nouvelle organisation des ateliers, basée sur les principes d'une exploitation scientifique (système Taylor), l'on obtiendra une nouvelle augmentation du rendement. L'on poursuit le même but par l'extension du travail à la tâche.

5. *Consommation de matériaux.*

a) D'après le budget de 1922, la consommation de charbon par 1 000 kilomètres-locomotive est inférieure de 14,3 o/o vis-à-vis de la consommation maximum de 1919, et celle d'huiles de graissage, de 14,7 o/o.

La consommation de charbon pourrait être restreinte davantage, si l'on pouvait obtenir des qualités plus appropriées, dont l'on ne dispose pas, à cause des fournitures de réparation.

b) L'on étudie la question de savoir comment il sera possible de diminuer encore la consommation des matériaux, par une surveillance plus sévère et par l'introduction du système des primes.

6. *Introduction d'un frein pour train de marchandises agissant sur tous les wagons simultanément.*

L'on attend de cette innovation une économie considérable du personnel.

7. *Mesures appliquées aux tarifs.*

Grâce aux augmentations de tarifs indiquées ci-dessus, l'on a obtenu qu'ils correspondent à la dépréciation intérieure de l'argent (ils sont même, dans certains cas, plus élevés), et qu'à partir du 1er avril 1922 ils couvriront les frais.

a) Tarifs des transports de voyageurs.

Ceux-ci ont été augmentés le 1er juin et le 1er décembre 1921; ils subiront une nouvelle augmentation, à partir du 1er février 1922, et dépasseront alors de 1 400 à 1 800 o/o les tarifs du temps de paix, c'est-à-dire qu'ils seront de 15 à 19 fois plus élevés que ceux-ci.

b) Tarifs des transports de marchandises.

Ceux-ci ont été augmentés le 1er avril, le 1er novembre et le 1er décembre 1921 et subiront une nouvelle augmentation, à partir du 1er avril 1922, et atteindront ainsi environ 3 120 o/o des tarifs de paix, c'est-à-dire qu'ils seront 32 fois plus élevés.

8. *Loi financière concernant les chemins de fer.*

Cette loi a pour but de permettre une évolution plus

libre de l'exploitation et de l'administration financière, ainsi qu'une exécution plus facile des principes de l'exploitation privée.

9. *Nouvelles constructions.*

L'Administration des Chemins de fer a fait tout ce qui était possible afin de porter au minimum les dépenses nécessitées par le développement du réseau. Elle n'a pas voulu commencer la construction d'une seule nouvelle voie, et s'est bornée à achever lentement les lignes entreprises par ses prédécesseurs. Mais ici aussi elle a, autant que possible, suspendu dans certains cas les travaux. De même, elle est extrêmement réservée en ce qui concerne l'agrandissement et la transformation des gares. Toutefois, les nouvelles frontières créées par le Traité de Versailles et le déplacement des communications, intervenu depuis la guerre, occasionnent des dépenses considérables.

Malgré cela, le budget extraordinaire de 1922 pour constructions nouvelles ne prévoit qu'une dépense de 1/3 o/o du capital, en regard d'une dépense d'environ 3 o/o pendant la dernière année de paix (1913).

III

Les chiffres qui précèdent démontrent que, dans un temps relativement court, l'Administration des Chemins de fer a réussi à faire beaucoup de progrès dans tous les domaines de son service. Il est vrai que tout n'est pas encore atteint; il reste encore beaucoup à faire. Mais, ainsi que le prouve l'exposé de ces projets, fait à l'article II, sous la lettre *b*, chiffres 1 à 7, elle est fermement décidée à ne rien négliger dans l'accomplissement de sa tâche.

L'exécution des mesures qu'elle a prises garantit que, dès 1922, elle pourra se passer de subventions.

B. — Administration des postes

I

Dans cette Administration, l'évolution s'est faite, après la débâcle, de la même manière que dans l'Administration des Chemins de fer, de sorte qu'il suffit de renvoyer à ce qui a été dit au sujet de celle-ci. Abstraction faite de la circonstance que la convention d'armistice lui a enlevé moins de matériel d'exploitation, il y avait à surmonter les mêmes difficultés. Le n° II montrera spécialement ce que l'Administration des Postes a réussi à obtenir.

II

1. *Développement du rendement financier de l'Administration des Postes et des Télégraphes en général.*

Le coefficient d'exploitation, proportion entre les dépenses et les recettes de l'exploitation (celles-ci étant portées à 100) comporte :

En 1920 . . . . 162,9 o/o
En 1921 . . . . 135,7 o/o

en 1922, les dépenses seront probablement couvertes par les recettes.

2. *Mesures appliquées au personnel.*

a) L'on a méthodiquement procédé à la diminution du personnel par voie de renvoi. Mais cette limitation du personnel a été entravée par la nécessité d'installer de nouvelles forces pour le service des téléphones et des chèques postaux, qui a pris en même temps une extension considérable.

b) De même que pour le chemin de fer, une loi sur les heures de travail sera promulguée, laquelle adaptera la journée de huit heures aux circonstances spéciales de l'exploitation des postes et télégraphes, tout en supprimant son application mécanique.

3. *Exploitation.*

Le service a été considérablement restreint par la diminution du nombre d'heures de guichet, de distributions, de levées des boîtes, des services extraordinaires et par la suppression de bureaux de poste. Depuis 1920 environ, 900 bureaux de poste ont été supprimés. L'on obtiendra une nouvelle diminution des frais, en remplaçant les hommes par des machines, par exemple, par le développement du système des communications téléphoniques automatiques, l'installation d'appareils d'affranchissement et d'autres améliorations techniques.

4. *Mesures appliquées aux tarifs.*

L'Administration des postes s'est évertuée à adapter les tarifs à la dépréciation générale de l'argent, et à appliquer graduellement le principe des frais de revient (couvertures des dépenses par les recettes).

A partir du 1er janvier 1922, l'augmentation du tarif, comparé au tarif de paix, est, par exemple : pour les cartes postales et les lettres, de 2 400 o/o; pour les paquets, jusqu'à 2 600 o/o; pour les télégrammes, de 1 900 o/o; pour le téléphone, en moyenne 1 600 o/o.

ANNEXE IV

PROGRAMME POUR LA SUPPRESSION DES SUBVENTIONS AYANT POUR BUT LA DIMINUTION DU PRIX DES DENRÉES ALIMENTAIRES.

I. — *Exercice 1921-1922*

Au cours de l'exercice 1921-1922, les mesures en vue de la diminution des prix de la viande, du lard, du saindoux, du beurre, de la margarine, du lait et du fourrage ont été complètement supprimées.

	Milliards.
Dans le budget 1921-1922 l'on y avait jusqu'à présent consacré	5,624
Il faut encore pour 1921-1922 :	
a) Pour la diminution du prix des fourrages en vue de la diminution du prix des denrées alimentaires, un solde de.	2,350
b) Pour la couverture de crédits antérieurs pour viande et lard, un solde de.	0,850
Total	8,824

Après la suppression complète de toutes les subventions pour les denrées alimentaires et pour les fourrages ci-dessus, il ne reste plus que celles pour les rations de pain. Mais, l'on a déjà, en août 1921, commencé à supprimer cette subvention, par une augmentation de 40 o/o du prix de la ration de pain, comportant en moyenne 7 au lieu de 5 mark les 1 900 grammes de pain.

A partir du 16 février 1922, le prix sera augmenté de 75 o/o, soit 12,25 mark au lieu de 7 mark.

Pour diminution du prix du pain, l'on a jusqu'à présent consacré dans le budget de 1921 :

	Milliards de mark.
Du 1.4 au 15.8.1921 (fin de l'exercice précédent des céréales)	4,045
Du 16.8.1921 jusqu'au 31.3.1922 (fin de l'exercice)	3,270
Total	7,315

En tenant compte de l'augmentation du prix du pain au 15.8.1921, les 3,27 milliards de mark auraient suffi jusqu'à la fin de l'exercice 1921-1922, si le mark n'avait pas tellement baissé, en comparaison de son cours (65 mark = 1 dollar) au moment de l'établissement du budget.

La chute du mark a exercé une influence d'autant plus grande sur les subventions que, de mai à septembre 1921, une partie considérable des blés étrangers a dû être achetée à crédit, à cause du payement du premier milliard or. Or, ces crédits ont dû être couverts, précisément à l'époque où le mark était au plus bas cours. C'est pourquoi, malgré la nouvelle augmentation du prix du pain au 15 février 1922, il a encore fallu 6,372 milliards de mark.

Par conséquent, pendant l'exercice 1921-1922, il a fallu consacrer à l'abaissement du prix des denrées alimentaires

	Milliards.
1. Pour les céréales destinées à la fabrication du pain	13 687
2. Pour les autres denrées et pour le fourrage	8 824
Total	22 511

II. — *Exercice 1922-1923*

Le budget 1922-1923 ne prévoit plus une subvention pour l'abaissement du prix du pain que jusqu'à la fin du présent exercice de céréales, c'est-à-dire jusqu'au 15-8-1922. Ceci nécessite encore 0,954 milliard de mark.

III

Les chiffres de 6,372 et 0,954 milliards de mark, indiqués sous I et II sont basés sur un cours moyen du dollar de 180 mark. Ces deux sommes s'élèveraient, en cas où le cours du dollar serait de :

		I.		II.	
200 mark	à	6,747	et	1,668	milliards de mark.
250	—	7,692	et	3,440	—
300	—	8,637	et	5,212	—

XIII

LETTRE

DE LA COMMISSION DES RÉPARATIONS AU CHANCELIER ALLEMAND

COMMISSION DES RÉPARATIONS.

—

Le 21 mars 1922.

La Commission des Réparations,
A Monsieur le Docteur Wirth, Chancelier du Reich.

La Commission des Réparations, en notifiant au Gouvernement allemand sa décision n° 1841 relative aux payements à faire par l'Allemagne en 1922, répond par les observations suivantes à la lettre du Chancelier du 28 janvier 1922 (1).

La Commission prend acte des déclarations du Chancelier quant à la suppression de toutes subventions pour le ravitaillement et quant au relèvement des tarifs postaux et des tarifs de chemins de fer en vue d'équilibrer les dépenses et les recettes des exploitations d'Etat. Toutefois un pareil programme, en admettant même, ce qui ne paraît pas être le cas, que tout fût mis en œuvre pour en assurer la réalisation intégrale d'urgence, ne répond pas, à beaucoup près, ni aux obligations de l'Allemagne ni à ses possibilités. La Commission des Réparations

(1) Voir page 97.

tient à marquer au Gouvernement allemand, de la façon la plus nette, qu'elle entend obtenir de lui une réforme autrement profonde des finances du Reich et l'abandon définitif des errements suivis jusqu'à ce jour.

Le budget administratif ordinaire du Reich fait apparaître, après avoir pourvu à une dépense de 83 milliards, un solde favorable de 16 1/2 milliards de mark-papier. Le Gouvernement allemand se propose d'employer ce solde à faire face à la charge des réparations et aux autres charges du Traité de Paix. Mais le budget administratif extraordinaire révèle un déficit d'environ 3 milliards de mark et le budget des services publics un déficit de 9 1/4 milliards.

Le budget des charges du Traité de Paix tel qu'il est présenté (après avoir inscrit au crédit 16 1/2 milliards d'excédent transférés du budget ordinaire), fait apparaître un déficit atteignant 171 milliards de mark-papier, ce qui, en y ajoutant le déficit du budget extraordinaire et celui du budget des services publics, porte le chiffre du déficit total à 183 1/4 milliards.

Le déficit de 171 milliards du budget du Traité de Paix est, il est vrai, basé, en ce qui concerne la Dette de réparations, sur l'Etat des Payements. Le sursis provisoire consenti aujourd'hui par la Commission des Réparations pour les payements en 1922 réduirait ce déficit de 45 milliards environ. Mais les calculs budgétaires du Reich sont basés sur un change de 45 mark-papier pour 1 mark-or, alors que le cours de ce jour est de 70. Le déficit net escompté de 126 milliards sera donc largement dépassé, à moins qu'il ne se produise une amélioration sensible de la valeur du mark-papier.

Il a été déclaré, il est vrai, que le Reich se propose de recourir à un emprunt intérieur obligatoire, mais aucun projet n'a été présenté à la Commission qui puisse être considéré par elle comme susceptible de garantir efficacement les moyens de faire face aux charges du Traité.

La Commission estime que les charges du Traité doivent être progressivement et rapidement incorporées dans le budget, dans toute la mesure où le revenu de l'Allemagne peut y faire face, et que le capital de l'Allemagne doit fournir l'effort complémentaire, soit par la voie de l'emprunt, soit par le prélèvement direct.

Elle pense que dès 1922 le budget doit couvrir une partie importante des payements réduits prévus par la décision ci-dessus visée, l'autre partie devant être obtenue par une contribution du capital, comme il vient d'être dit.

C'est en vue de faciliter la tâche du Gouvernement allemand à cet égard, que la Commission a pris sa décision. Mais il doit être bien compris que le plan des payements pour 1922 qui s'y trouve inscrit est provisoire, et que le maintien à titre définitif du sursis provisoirement consenti est subordonné à la stricte observation par l'Allemagne des conditions qui lui sont imposées.

Ces conditions sont les suivantes :

I. — BUDGET DU REICH

A. — Ressources

Mesures à prendre. — *a*) Chacune des mesures annoncées par la note du Gouvernement allemand du 28 janvier 1922, et pour lesquelles une date ferme de mise en vigueur est prévue par la note, sera prise à la date fixée : si cette date est présentement révolue sans que la mesure ait été prise, elle sera prise dans les quinze jours de la présente notification.

b) Les impôts nouveaux et taxes nouvelles qui ont fait l'objet du programme du 26 janvier 1922 généralement connu en Allemagne sous le nom de « compromis fiscal » seront votés et mis en vigueur avant le 30 avril prochain.

c) Le Gouvernement allemand devra immédiatement préparer et mettre en application un projet d'augmentation des impôts devant fournir dans le courant de l'année budgétaire 1922-1923 une somme d'au moins 60 milliards de mark-papier en plus du revenu escompté dans ledit budget.

Ledit projet devra avoir été voté et être mis en vigueur avant le 31 mai 1922, il devra assurer la perception effective de 40 milliards au moins de recettes supplémentaires avant le 31 décembre 1922.

d) La Commission estime que c'est au Gouvernement allemand qu'il incombe de choisir les sources d'où ces nouvelles recettes devront provenir. Toutefois, la Commission désire que le Gouvernement allemand se pénètre de la nécessité d'adopter un système qui évite dans la mesure du possible une évaluation nouvelle et compliquée des ressources des contribuables. A cet égard, la Commission des Réparations invite particulièrement le Gouvernement allemand à examiner la possibilité d'adopter un système d'après lequel les taux d'imposition se relèveraient automatiquement en proportion soit des augmentations futures de la dette du Gouvernement allemand envers la Reichsbank, soit de la diminution de la puissance d'achat du mark sur le marché intérieur allemand.

Contrôle. — *a*) Toutes les dispositions législatives ou réglementaires prises en exécution des dispositions ci-dessus seront immédiatement communiquées par le Gouvernement allemand à la Commission des Réparations.

b) Les mesures d'application de la législation fiscale ou tarifaire de l'Allemagne, telle qu'elle se trouvera établie après la réalisation du programme fixé ci-dessus, seront délibérées entre les délégués du Gouvernement allemand et de la Commission des Réparations. Celle-ci exercera par l'intermédiaire du Comité des Garanties aux divers échelons un contrôle assez développé pour qu'on puisse à tous moments se rendre compte exactement de l'application de cette législation, notamment de la situation des travaux d'assiette et de recouvrement des impôts et, s'il y a lieu, constater les défectuosités que cette application pourrait présenter. Elle invitera l'Allemagne, le cas échéant, à prendre les mesures nécessaires pour remédier aux défectuosités constatées et statuera dans le cas où l'Allemagne n'aurait pas pris dans un délai raisonnable des mesures jugées par elle suffisantes.

B. — Réduction des dépenses

Mesures à prendre. — Le Gouvernement allemand effectuera et soumettra à la Commission des Réparations dans le mois qui suivra la présente notification une révision des dépenses inscrites au projet de budget pour 1922 qu'il a présenté comme annexe à sa note du 28 janvier 1922.

Un effort important, qui n'est qu'amorcé dans le projet joint à la communication du 28 janvier, peut et doit être poursuivi dans le sens de la compression des dépenses relatives aux services publics, de la suppression des subventions, des subsides, des dépenses d'outillage public ne correspondant pas à un besoin immédiatement pressant, des dépenses somptuaires, de la contribution aux dépenses de collectivités diverses, administratives ou autres, etc...

Les dépenses ne dépasseront, en aucun cas, ni pour le total, ni pour aucun des chapitres du budget, les chiffres figurant dans le budget des dépenses ainsi révise, sauf dans les cas exceptionnels et sans que des crédits correspondants aient été dûment obtenus, et il en sera fait immédiatement rapport à la Commission des Réparations.

Le Gouvernement allemand s'interdira de faire passer à la charge des budgets locaux un service ou une catégorie de dépenses actuellement couvert par le budget du Reich, aux termes du projet de budget de 1922, joint à la note du 28 janvier.

Contrôle. — Le Gouvernement allemand établira, d'accord avec la Commission des Réparations, une procédure pour organiser le contrôle des dépenses prévues au budget, de façon à éviter les dépassements de crédits, et de manière que l'utilisation réelle des fonds apparaisse clairement. Le Comité des Garanties vérifiera le fonctionnement de ce contrôle.

II. — EMPRUNTS ET PRÉLÈVEMENTS SUR LE CAPITAL

a) *Emprunts intérieurs :*

Le Gouvernement allemand devra, avant le 30 avril 1922, établir un projet d'émission d'emprunts intérieurs sous une forme autre que celle de bons du Trésor escomptés par la Reichsbank et d'un montant suffisant pour faire face au déficit budgétaire jusqu'au moment où le budget pourra être équilibré à l'aide du produit des impôts.

b) *Emprunts extérieurs :*

L'importante question des emprunts à contracter par l'Allemagne en vue de lui permettre de se libérer d'une partie de sa dette de réparation en capital fera l'objet d'une communication distincte.

Si la mobilisation d'une partie de la dette de l'Allemagne ne pouvait pas être obtenue dans un délai raisonnable par de tels emprunts, le Gouvernement allemand devra étudier en collaboration avec la Commission des Réparations les mesures nécessaires pour effectuer un payement en capital par d'autres moyens et notamment par un prélèvement sur les valeurs réelles mobilières et immobilières de l'Allemagne.

III. — ÉVASION DES CAPITAUX

Le Gouvernement allemand devra présenter à la Commission des Réparations, d'ici au 30 avril 1922, un programme de mesures destinées à mettre un terme à l'exportation abusive des capitaux.

Ces mesures devront viser tout spécialement à rendre plus efficace l'action de l'organisme créé par le Gouvernement allemand pour la perception des disponibilités en devises étrangères produites par l'exportation des marchandises et services de toute nature, et, d'une manière plus générale, pour assurer le retour en Allemagne de la contre-valeur des exportations.

Le Comité des Garanties élaborera avec le Gouvernement allemand une procédure destinée à renforcer et élargir le contrôle qu'il exerce actuellement sur les exportations et la perception des devises dans toute la mesure nécessaire pour surveiller efficacement l'exécution des mesures ci-dessus visées.

Enfin, le Gouvernement allemand prendra toutes les mesures possibles pour provoquer le retour en Allemagne des capitaux antérieurement exportés.

Etant donné l'importance que la Commission des Réparations attache à éviter à l'avenir l'évasion des capitaux et à assurer la rentrée en Allemagne des capitaux déjà exportés, cette question fera l'objet d'un examen supplémentaire de la Commission des Réparations. La mise en vigueur par le Gouvernement allemand des mesures complémentaires que la Commission des Réparations pourra être amenée à lui demander constitue une des conditions du sursis.

IV. — AUTONOMIE DE LA REICHSBANK

Le Gouvernement allemand provoquera, en temps utile pour qu'elles puissent entrer en vigueur avant le 31 mai prochain, les mesures législatives nécessaires pour assurer, à la satisfaction de la Commission des Réparations, la pleine indépendance de la Reichsbank à l'égard du Gouvernement allemand.

V. — STATISTIQUES

Le Gouvernement allemand reprendra avant le 31 mai prochain dans la même forme et dans les mêmes délais qu'avant la guerre l'établissement et la publication des statistiques économiques et financières. Il créera, dans les délais qui lui seront impartis par la Commission des Réparations pour chaque cas particulier, toutes statistiques nouvelles ou toute forme nouvelle de présentation des statistiques existant avant la guerre, que la Commission des Réparations jugerait utile en vue de l'exécution du Traité et en particulier des présentes dispositions.

Le Gouvernement allemand, en collaboration avec le Comité des Garanties, veillera à ce que les statistiques soient présentées dans des conditions qui facilitent les travaux de la Commission des Réparations.

Le Gouvernement allemand devra mettre à la disposition du Comité tous les documents et tous les renseignements qui lui sont nécessaires pour s'acquitter de sa tâche, et lui donner toutes les facilités d'investigation qui lui seront demandées.

VI. — QUESTIONS PENDANTES

L'octroi du sursis est aussi subordonné à la solution, à la satisfaction de la Commission des Réparations, de certaines questions actuellement pendantes, qui feront l'objet d'une communication ultérieure.

Signé : DUBOIS,
L. DELACROIX,
John BRADBURY,
D'AMELIO.

XIV

LETTRE

DE LA COMMISSION DES RÉPARATIONS AU GOUVERNEMENT ALLEMAND

Le 21 mars 1922.

La Commission des Réparations,
Au Gouvernement allemand.

La Commission des Réparations a l'honneur de vous notifier la décision ci-jointe qu'elle a prise au cours de sa séance de ce jour.

Signé : Dubois.
John Bradbury.
d'Amelio.
Delacroix.

Le 21 mars 1922.

La Commission des Réparations,

Après avoir pris connaissance de la demande de délai qui fait l'objet de la lettre du 14 décembre 1921 du Chancelier allemand (1), ainsi que des documents produits le 28 janvier 1922 par le Gouvernement allemand à l'appui de cette demande (2), en exécution de la décision du 13 janvier 1922 de la Commission des Réparations (3), et après avoir donné au Gouvernement allemand l'équitable faculté de se faire entendre.

(1) Voir page 84.
(2) Voir page 97.
(3) Voir page 95.

Agissant en vertu des pouvoirs qu'elle tient des Articles 234, 236, 240, 248 et 251 et des paragraphes 12, 19 et 19 *bis* de l'Annexe II à la Partie VIII du Traité de Versailles, ainsi que des pouvoirs que les Gouvernements alliés lui ont dévolus pour, en leur nom, assurer l'exécution de l'Article 249 dudit Traité,

Considérant que la situation financière dans laquelle le Gouvernement allemand s'est laissé engager ne lui permet pas, à la fois, de s'acquitter intégralement des obligations de l'Allemagne pour l'année 1922, telles qu'elles résultent de l'Etat des Payements du 5 mai 1921 d'une part, de l'Article 249 du Traité de Versailles d'autre part, et de redresser les finances du Reich dans la mesure voulue pour assurer au cours des années ultérieures l'exécution régulière de ses obligations,

Décide :

I

L'Allemagne payera, en 1922, au titre tant de l'Etat des Payements du 5 mai 1921 que de l'Article 249 du Traité de Versailles (non compris les prestations mises à sa charge par les Articles 8 à 12 de l'Arrangement du 28 juin 1919) :

a) En espèces 720 millions de mark-or.

Est comprise dans la somme ci-dessus celle de 281 millions 948 920 mark 49 pfennig-or, correspondant aux payements en espèces déjà effectués par l'Allemagne en vue de satisfaire aux versements exigés par la Commission des Réparations en 1922.

Le surplus, soit 438 051 079 mark 51 pfennig-or, payé aux échéances ci-après :

M. O.	18 051 079,51	le 15 avril	1922.
—	50 000 000,00	le 15 mai	—
—	50 000 000,00	le 15 juin	—
—	50 000 000,00	le 15 juillet	—
—	50 000 000,00	le 15 août	—
—	50 000 000,00	le 15 sept.	—
—	50 000 000,00	le 15 oct.	—
—	60 000 000,00	le 15 nov.	—
—	60 000 000,00	le 15 déc.	—

Seront réputés, en espèces, effectués à valoir sur les échéances ci-dessus définies, tous les versements en espèces faits par l'Allemagne à la Commission des Réparations jusqu'au 15 décembre 1922 inclus et toutes autres sommes payables en espèces à la Commission des Réparations qui, aux termes des décisions antérieurement prises ou à prendre par celle-ci, doivent être inscrites à valoir sur les payements à effectuer par l'Allemagne au cours de l'année 1922 au titre de l'annuité, telle qu'elle est définie par l'Article 4 de l'Etat des Payements.

b) En nature, la contre-valeur en marchandises de 1 450 millions de mark-or, dont 950 millions à la France et 500 aux autres alliés, pour autant que la France ou les autres pays alliés — ou leurs ressortissants respectifs — auront demandé de telles livraisons conformément à la procédure du Traité ou à une procédure approuvée par la Commission des Réparations.

Sera réputé payement en nature le produit du *Reparation Recovery Act* britannique et de toutes dispositions analogues prises ou à prendre par les autres Gouvernements alliés en exécution de la décision des Gouvernements alliés du 3 mars 1921.

Si la Commission des Réparations constatait, au cours de l'année 1922, que des livraisons en nature demandées par la France ou ses ressortissants, ou par toutes autres Puissances ayant droit aux réparations ou leurs ressortissants, suivant la procédure prévue par le Traité ou en vertu d'une procédure approuvée par la Commission des Réparations et dans les limites des chiffres indiqués ci-dessus, n'étaient pas effectuées par suite d'une obstruction du Gouvernement allemand ou de ses organismes ou par suite d'infractions à la procédure du Traité ou à une procédure approuvée par la Commission des Réparations, des payements supplémentaires équivalents en espèces seront exigés de l'Allemagne à la fin de l'année 1922 en remplacement des livraisons non effectuées.

II

Les payements en nature effectués par l'Allemagne à une Puissance créancière au titre de ses armées d'occupation entre le 1er mai 1921 et le 31 décembre 1922 seront portés, par priorité et à due concurrence, en balance des frais des armées d'occupation pendant la même période; le surplus sera seul porté avec les payements en espèces, en balance de l'annuité de réparation, telle qu'elle est définie par l'article 4 de l'Etat des Payements du 5 mai 1921.

III

La différence entre les sommes dues tant en vertu de l'Etat des Payements qu'au titre des armées d'occupation et les sommes réellement payées en 1921 et 1922, demeurera avec les intérêts à 5 o/o l'an une obligation de l'Allemagne dont elle devra s'acquitter en sus des annuités de l'Etat des Payements dès que la Commission des Réparations l'en jugera capable.

IV

Le sursis accordé ci-dessus aura d'abord un caractère provisoire.

Au 31 mai prochain, la Commission examinera ce qui aura été fait par le Gouvernement allemand en vue de satisfaire aux conditions mentionnées par la Commission des Réparations dans sa lettre de ce jour; après cet examen, la Commission confirmera ou annulera le sursis provisoire.

S'il est annulé, les sommes provisoirement reportées en vertu de la décision du 13 janvier 1922 et de la présente décision deviendront exigibles et devront être payées dans les quatorze jours qui suivront l'annulation, sous peine de la mise en vigueur de la procédure prévue par le paragraphe 17 de l'Annexe II à la Partie VIII du Traité.

Dans l'hypothèse de la confirmation du sursis, si la Commission des Réparations constatait à une date ultérieure un manquement de l'Allemagne à remplir les conditions spécifiées, le sursis serait annulé et l'Etat des Payements tel qu'il a été communiqué à l'Allemagne le 5 mai 1921 serait remis en vigueur à partir de la date où le sursis aurait été annulé.

XV

LETTRE

DU GOUVERNEMENT ALLEMAND A LA COMMISSION DES RÉPARATIONS

Berlin, le 7 avril 1922.

Le Chancelier du Reich,

A Monsieur le Président de la Commission des Réparations.

Le Gouvernement allemand a l'honneur d'accuser réception de la décision de la Commission des Réparations, du 21 mars de cette année, ainsi que de la lettre du même jour à Monsieur le Chancelier (1).

Depuis qu'à la date du 14 décembre 1921, le Gouvernement allemand a adressé à la Commission des Réparations sa demande de délai (2), les difficultés financières de l'Allemagne se sont aggravées au delà de toute attente. Le dollar, qui avait été à la Bourse de Berlin, en moyenne à 180 en janvier, et à 200 en février, a tout d'abord graduellement haussé en mars, à la suite des payements des décades, pour dépasser alors d'une façon permanente, sous l'impression de la décision de la Commission des Réparations le cours de 300. A cet anéantissement de la puissance d'achat du mark à l'étranger s'est joint une diminution de sa puissance d'achat à l'intérieur, ce qui a occasionné de graves embarras économiques et sociaux. De semaine en semaine l'enchérissement s'est augmenté, et pour quelques denrées indis-

(1) Voir page 212.
(2) Voir page 84.

pensables, les prix sont devenus 60 ou 70 fois plus élevés. Même le prix du pain, que l'on empêche artificiellement aujourd'hui encore, de hausser, était, fin mars, 25 fois plus élevé qu'avant la guerre. De janvier à fin mars, le prix du charbon, y compris l'impôt, s'est élevé de 35 fois à 70 fois celui d'avant-guerre, et celui du coton de 65 fois à 95 fois. Le prix de janvier des objets de ménage, meubles, linges, etc., est monté en mars de plus de 100 o/o. Ce renchérissement a précipité dans une détresse effrayante une grande partie de la population allemande. Cette situation a des conséquences d'autant plus graves que malgré le recul de 55 à 60 o/o, qui s'est produit depuis 1913 dans la consommation de la viande, et celui d'environ 24 o/o survenu dans la consommation du pain, l'Allemagne doit nécessairement importer les denrées alimentaires, à concurrence de 2 1/2 milliards de mark-or par an. L'importation de froment, nécessaire à maintenir en 1922 la ration de pain, coûtera à elle seule 500 millions de mark-or. Si l'on ne parvient pas à trouver les devises nécessaires à cet effet, c'est la famine! L'évolution qui se produira en été fait l'objet d'une crainte profonde du Gouvernement allemand. Si l'on ne réussit pas à arrêter la dépréciation du mark, celui-ci finira par perdre toute valeur monétaire à l'étranger, ce qui fera cesser la vitalité et la solvabilité de l'Allemagne. C'est là une catastrophe qu'il importe d'éviter, non seulement dans l'intérêt commun de l'Europe centrale, mais dans celui du monde entier. Ce sont surtout les payements en or qui provoquent ce danger.

C'est pourquoi le Gouvernement allemand se voit obligé de prier la Commission des Réparations de soumettre à un nouvel examen la décision du 21 mars dernier.

Il est convaincu que la Commission des Réparations, après avoir, conformément à l'Article 234 du Traité, étudié minutieusement la capacité de l'Allemagne, reconnaîtra que cette demande se trouve être justifiée.

Ce nouvel examen de la capacité de l'Allemagne conformément à l'article 234, auquel le Gouvernement allemand convie la Commission, est d'une difficulté extrême et d'une importance extraordinaire. Les questions qui surgiront à cette occasion sont scientifiquement et pratiquement nouvelles et inexplorées. C'est pourquoi le Gouvernement allemand propose que cette étude soit faite, sous la direction de la Commission, par des experts qui n'appartiennent pas seulement aux Etats intéressés.

Il importerait que la Commission étendît son examen à la question spécialement indiquée au Traité de Versailles, concernant la comparaison du système fiscal allemand avec celui des Puissances représentées dans la Commission. Cette question doit recevoir une réponse aussi péremptoire que le permettent les difficultés qu'elle soulève et qui, dans ces derniers temps, ont été à différentes reprises reconnues par des Alliés également. L'Annexe I de la note allemande du 28 janvier de cette année ainsi que les sous-annexes, contiennent à cet égard des explications accompagnées de chiffres. Ces explications ne sont pas mentionnées dans les communications de la Commission des Réparations du 21 mars, et n'ont pas encore été réfutées jusqu'à présent.

Dans sa note du 28 janvier, le Gouvernement allemand a déjà exprimé sa conviction que ce n'est que par la voie d'un emprunt extérieur qu'il sera possible de procurer les moyens nécessaires à couvrir la charge des réparations, et que c'est là la seule possibilité de rétablir l'équilibre du cours du change. L'évolution qui s'est produite depuis a confirmé la conviction du Gouvernement allemand. Seul un tel emprunt rendrait possibles les payements en espèces pour l'année 1922. Une partie de l'emprunt pourrait être affectée à l'assainissement du cours du change allemand. Dans l'entretemps, la Commission des Réparations a décidé de charger de l'examen de cette question une Commission spéciale d'experts, dont feront partie également un représentant d'un pays neutre et de l'Allemagne. Le Gouvernement allemand espère que ces travaux conduiront aussi vite que possible à des résultats pratiques.

Toutefois le Gouvernement allemand est d'avis que tout emprunt en faveur des réparations ne saurait réussir que si les prêteurs ont l'assurance que cet emprunt ne servira pas seulement à couvrir une série d'annuités, mais toutes les obligations en devises résultant du Traité de Versailles, notamment aussi celles résultant de la procédure de compensation. De plus, l'exécution des payements en espèces résultant de l'Article 297 *e* du Traité devrait être différée jusqu'au moment où une amélioration de la capacité de l'Allemagne la rendrait possible.

Il sera utile de régler la question des garanties en corrélation avec la fixation définitive des prestations allemandes à titre de réparation, sur la base d'un nouvel examen de la capacité de l'Allemagne. Le Gouvernement allemand n'est pas à même de consentir aux garanties demandées dans les communications du 21 mars de la Commission des Réparations, pour autant que ces garanties dépassent celles qui ont été présentées dans la note allemande du 28 janvier. La demande de créer 60 milliards de nouveaux impôts, ainsi que les mesures de contrôle proposées sont en contradiction avec les déclarations non équivoques faites par les Alliées dans leur note du 16 juin 1919. Au surplus ces nouvelles exigences sont inexécutables en pratique. Il en est spécialement ainsi en ce qui concerne les nouveaux impôts dépassant de 60 milliards le compromis fiscal. Dans la situation actuelle, la charge contributive prévue par le compromis fiscal est la plus forte qu'il soit possible d'imposer au peuple allemand et à son économie. D'ailleurs, étant donné l'effondrement du cours du change, les chiffres budgétaires concernant des contributions et des taxes importantes seront augmentés. De plus, l'imposition de l'emprunt forcé annoncé dans la note du 28 janvier a tout récemment été acceptée par les corps législatifs. Il est prévu que son produit atteindra le chiffre de l'augmentation des impôts, demandé par la Commission des Réparations. En grande partie, l'emprunt doit être réalisé déjà en 1922. Pendant trois ans, il ne devra pas produire d'intérêts; il agira donc comme une contribution, qui frappe exclusivement la fortune.

En ce qui concerne le contrôle envisagé par la Commission des Réparations, le Gouvernement allemand ne pourrait consentir à aucun contrôle inconciliable avec la souveraineté financière de l'Allemagne. Le Gouvernement allemand est prêt à donner à la Commission des Réparations tous les renseignements dont elle pourra avoir besoin sur la situation et les opérations financières de l'Allemagne. Mais aucun Gouvernement ne serait en état d'accorder à l'étranger une influence déterminante dans la création et dans l'application des lois.

Le Gouvernement allemand croit devoir se borner actuellement à ces propositions et déclarations de principe, supposant que des détails ainsi que les autres points indiqués dans les communications de la Commission des Réparations pourront faire l'objet des discussions particulières.

Signé : Dr WIRTH.

XVI

LETTRE

DE LA COMMISSION DES RÉPARATIONS AU GOUVERNEMENT ALLEMAND

Paris, le 13 avril 1922.

La Commission des Réparations,
A Monsieur le Docteur Wirth, Chancelier du Reich.

La Commission des Réparations a reçu le 10 avril la communication datée du 7, du chancelier du Reich (1).

Elle a constaté avec surprise et regret que le Gouvernement allemand rejette de façon catégorique les principales conditions auxquelles la Commission a subordonné l'octroi à l'Allemagne d'un délai de payement.

Le Gouvernement allemand se déclare dans l'incapacité notamment :

1° De créer aucun nouvel impôt en sus de ceux que prévoit le « compromis fiscal »;

2° D'effectuer des payements en devises étrangères autrement que par le moyen d'un emprunt extérieur;

3° D'accepter un contrôle quelconque de l'organisation fiscale ou administrative allemande, pour le motif qu'un tel contrôle porterait atteinte à la souveraineté de l'Allemagne.

I. En ce qui concerne le premier point, il est manifestement indispensable que la totalité des dépenses à

(1) Voir page 2[illegible].

payer par le Gouvernement allemand en monnaie allemande (soit pour les réparations, soit pour d'autres motifs) soit payée au moyen des ressources réelles du peuple allemand sans nouveau recours à l'inflation. Comme elle l'a indiqué dans sa lettre du 21 mars 1922, la Commission est parfaitement disposée à envisager qu'une proportion considérable de ces dépenses soit payée en 1922 à l'aide d'emprunts intérieurs — obligatoires ou volontaires.

Le Gouvernement allemand lui-même n'envisage pas la possibilité de trouver dans l'emprunt forcé les moyens de couvrir la totalité du déficit. Or, il y a évidemment peu d'espoir que le crédit du Gouvernement allemand auprès de son propre peuple soit suffisamment rétabli pour lui permettre de réaliser des emprunts volontaires avant qu'il ait donné une preuve plus convaincante de son courage fiscal que celle qui est fournie par les propositions du « compromis fiscal », par exemple en ce qui concerne la taxation des bénéfices actuels de l'industrie et du commerce.

C'est pourquoi la Commission demeure onvaincue qu'une augmentation immédiate et importante des impôts, se superposant à l'augmentation envisagée par le compromis fiscal, est indispensable dans l'intérêt de l'Allemagne elle-même. En conséquence, elle ne peut actuellement que maintenir dans leur intégralité les conditions relatives aux impôts supplémentaires qu'elle a formulées dans sa précédente lettre, en se déclarant néanmoins prête à examiner toute proposition que pourrait faire le Gouvernement allemand et qui aurait pour résultat d'obtenir un règlement satisfaisant de la totalité du déficit budgétaire.

II. Sur le second point, il apparaît non moins clairement que tout espoir pour l'Allemagne de contracter à l'étranger un emprunt de quelque importance demeurera chimérique, tant qu'elle n'aura pas fait un effort des plus sérieux pour rétablir son équilibre budgétaire.

La réponse du Gouvernement allemand sur les deux premiers points considérés dans leur ensemble équivaut donc à un refus de faire aucune tentative efficace pour se procurer les devises étrangères nécessaires au payement des réparations.

III. Sur le troisième point, la Commission ne voit rien dans les conditions posées par sa lettre du 21 mars qui soit de nature à justifier pour si peu que ce soit les craintes du Gouvernement allemand.

La Commission n'a empiété en rien soit sur le droit d'initiative, soit sur la responsabilité, en matière d'impôts ou de dépenses du Gouvernement ou du pouvoir législatif allemands. Elle s'est bornée à exiger en premier lieu que l'Allemagne prenne toutes les dispositions générales voulues pour que l'exécution des obligations de réparations soit assurée par priorité sur les dépenses intérieures non indispensables, en second lieu que le Gouvernement allemand lui donne, en tant que cela dépend de lui, les moyens de s'assurer que ces dispositions générales sont correctement et strictement appliquées par le Gouvernement allemand. Il n'y a là pour le Gouvernement allemand aucun motif de plainte qui puisse se fonder ni sur le Traité lui-même, ni sur les assurances données par les Gouvernements alliés.

Le Gouvernement allemand ne doit pas oublier au surplus qu'il a sollicité un ajournement de ses obligations définies par le Traité et par l'Etat des Payements; qu'en accordant cet ajournement, la Commission avait le droit de poser toutes les conditions qui pouvaient lui paraître nécessaires.

Les conditions qui ont été notifiées au Gouvernement

allemand par la lettre du 21 mars 1922 pour l'octroi d'un sursis provisoire ont été arrêtées après sérieuse réflexion et la Commission des Réparations ne peut donc qu'espérer que le Gouvernement allemand se rendra compte que l'attitude intransigeante qui se révèle dans la note allemande a été adoptée sans une juste considération des conséquences qu'elle doit entraîner.

La Commission ne désire nullement imposer au Gouvernement ou au Peuple allemand une tâche impossible.

Au contraire, elle ne demande qu'à coopérer aux mesures nécessaires à la restauration de la situation économique et financière de l'Allemagne. Toutefois une condition indispensable pour une telle coopération est que non seulement les principes mais encore le mécanisme du Traité de Versailles soient respectés.

Si l'attitude adoptée dans la note du Chancelier est maintenue, toute discussion ultérieure entre la Commission et le Gouvernement allemand est évidemment impossible.

Mais si, après réflexion, le Gouvernement allemand cesse de contester le droit de la Commission des Réparations à lui imposer ses décisions, la Commission est prête à examiner toute suggestion pratique qui pourrait être présentée par le Gouvernement allemand pour résoudre les difficultés où il se trouve.

Cette déclaration de la part de la Commission des Réparations ne doit nullement être interprétée dans le sens que celle-ci en attendant, retire ou suspend l'exécution des décisions du 21 mars ou des conditions imposées par sa lettre du même jour.

Signé : Dubois.
John Bradbury.
Salvago Raggi.
Bemelmans.

XVII

LETTRE

DE LA KRIEGSLASTENKOMMISSION
A LA COMMISSION DES RÉPARATIONS

Paris, le 24 avril 1922.

Deutsche Kriegslastenkommission,
A la Commission des Réparations, Paris.

La Commission des Réparations dans la lettre adressée par elle le 21 mars 1922 à M. le Chancelier du Reich, Dr. Wirth (1), a demandé au Gouvernement allemand d'effectuer et de lui soumettre dans le mois qui suivra sa notification, une revision des dépenses inscrites au projet de budget pour 1922 qu'il avait présenté comme annexe à sa note du 28 janvier 1922.

D'ordre du Gouvernement allemand, j'ai l'honneur de vous faire savoir que le projet de budget du Reich pour l'exercice 1922 fait à présent l'objet des délibérations du Reichstag, qui est en train de le soumettre à un examen approfondi. Aussitôt que lesdites délibérations du Reichstag auront été terminées, le résultat sera porté à la connaissance de la Commission des Réparations.

Signé : Fischer.

(1) Voir page 203.

XVIII

LETTRE

DE LA KRIEGSLASTENKOMMISSION A LA COMMISSION DES RÉPARATIONS

Paris, le 25 avril 1922.

Deutsche Kriegslastenkommission,
A la Commission des Réparations, Paris.

La Commission des Réparations dans la lettre adressée par elle le 21 mars 1922 à M. le Chancelier du Reich, Dr. Wirth (1), avait demandé au Gouvernement allemand de faire voter et de mettre en vigueur avant le 30 avril les impôts nouveaux et taxes nouvelles qui avaient fait l'objet du programme du 26 janvier 1922 généralement connu en Allemagne sous le nom de « compromis fiscal ».

J'ai l'honneur de vous remettre ci-joint un exemplaire du Reichsgesetzblatt Nr. 30 en date du 20 avril 1922 (2), d'où il ressort que la loi concernant les modifications du régime financier de l'Allemagne, après avoir été votée par le Reichstag, a été promulguée par le Président du Reich le 8 avril 1922. Cette loi contient les impôts et taxes prévus par le « compromis fiscal ».

Signé : FISCHER.

(1) Voir pages 203.
(2) Ce document, ayant déjà été publié par le gouvernement allemand, n'est pas reproduit ici.

XIX

TELÉGRAMME

DU CHANCELIER DU REICH
A LA COMMISSION DES RÉPARATIONS

SS GENUA DEL WG ALLEMANDE 375 181 2 11/15.

En me référant aux entretiens que M. Fischer a eus avec quelques Membres de la Commission des Réparations, j'ai l'honneur de vous communiquer ce qui suit. Je regrette que l'examen très compliqué des questions soulevées par les notes du 21 mars (1) et 13 avril 1922 (2) de la Commission des Réparations et pour lesquelles une réponse du Gouvernement allemand était demandée pour le 21 et le 30 avril n'est pas encore fini à cause de l'absence forcée d'une partie du Gouvernement à Gênes. Le Gouvernement allemand croirait qu'il serait utile d'entrer dans une discussion orale sur ces points. M. Bergmann sera à Paris demain pour donner des explications. En outre, le ministre Hermes se rendra au commencement de la semaine prochaine à Paris pour parler de ces questions avec les Membres de la Commission des Réparations. Dans ces circonstances, le Gouvernement allemand serait reconnaissant à la Commission des Réparations si l'examen de ces questions pouvait être remis jusqu'à l'arrivée de M. Hermes.

WIRTH.

(1) Voir page 203.
(2) Voir page 222.

XX

LETTRE

DU GOUVERNEMENT ALLEMAND A LA COMMISSION DES RÉPARATIONS

Berlin, 9 mai 1922.

Le Chancelier du Reich,
A la Commission des Réparations, Paris.

Le Gouvernement allemand, d'après la lettre de la Commission des Réparations en date du 13 avril (1) et les conversations qui viennent d'avoir lieu, croit pouvoir comprendre que la Commission des Réparations partage son désir de faire disparaître certains malentendus qu'ont fait naître les lettres précédentes et d'éclaircir la situation de fait actuelle au moyen d'un échange de vues complet. Pour aider à cette tentative, le Gouvernement allemand a l'honneur de faire la déclaration suivante :

1. Le Gouvernement allemand est convaincu de la nécessité de faire face à la totalité des dépenses budgétaires en mark-papier au moyen du produit des impôts et d'emprunts intérieurs sans augmentation de l'inflation monétaire. Le Gouvernement allemand reconnaît également la nécessité de prendre sans retard de nouvelles mesures pour assurer la mise en pratique du principe ci-dessus énoncé. Toutefois, en raison de la situa-

(1) Voir page 222.

tion économique de l'Allemagne et des obligations financières de cette Puissance à l'étranger, il paraît inévitable que d'importants payements de l'Allemagne en devises étrangères ne puissent être effectués sans recourir à des emprunts extérieurs.

Bien qu'il demeure impossible, en raison des augmentations considérables que les impôts ont subies récemment, de satisfaire à la demande faite par la Commission des Réparations de créer 60 milliards d'impôts nouveaux avant le 31 mai 1922, le Gouvernement allemand sera prêt, avant cette date, à soumettre à la Commission un projet complet en vue de mettre en pratique le principe énoncé au paragraphe précédent.

2. Le Gouvernement allemand relève avec satisfaction que la Commission des Réparations reconnaît la souveraineté de l'Allemagne dans les questions de dépenses publiques, d'impôts et de politique financière générale. Le Gouvernement allemand prend note avec une égale satisfaction du désir de la Commission d'aider l'Allemagne à mettre de l'ordre dans ses finances. A cette fin, le Gouvernement allemand sera prêt à fournir à la Commission des Réparations tous les moyens d'enquête demandés par celle-ci. Dans le même but, pendant la durée du règlement des payements de réparation stipulés par la décision de la Commission du 21 mars 1922, le Gouvernement allemand sera prêt à s'entendre avec celle-ci au sujet des projets de loi préparés par lui sur les questions financières visées ci-dessus.

3. En outre le Gouvernement allemand fera tous ses efforts pour se conformer aux conditions posées dans la lettre de la Commission des Réparations du 21 mars 1922. Il continue, toutefois, à penser que certaines de ces

conditions sont inexécutables mais il retient l'offre faite par la Commission dans sa lettre du 13 avril « d'examiner toutes suggestions pratiques qui pourront être émises par le Gouvernement allemand en vue de faire face aux difficultés dans lesquelles il se trouve ».

Le Gouvernement allemand regrette que, par suite de l'absence prolongée de plusieurs de ses Membres retenus hors d'Allemagne par la Conférence de Gênes, il ne lui ait pas été possible d'observer certains des délais prescrits par la lettre du 21 mars et il prie la Commission de vouloir bien lui accorder pour lesdits délais une prolongation raisonnable.

Signé : BAUER.

XXI

LETTRE

DU GOUVERNEMENT ALLEMAND A LA COMMISSION DES RÉPARATIONS

Berlin, le 28 mai 1922.

Le Chancelier du Reich,

A Monsieur le Président de la Commission des Réparations, Paris.

Se référant à sa note en date du 9 mai (1) et aux pourparlers qui dans l'entretemps ont eu lieu à Paris, le Gouvernement allemand a l'honneur de communiquer ci-joint à la Commission des Réparations le plan des recettes et des dépenses du Reich pour l'exercice 1922. Ce plan a été établi après un examen approfondi conformément à la lettre de la Commission des Réparations du 21 mars et à la note susmentionnée du Gouvernement allemand en date du 9 mai 1922.

Quant aux recettes, le plan présente une augmentation des chiffres incorporés au budget actuellement délibéré par le Reichstag. Cette augmentation est basée sur une nouvelle évaluation des impôts allemands, y compris ceux du compromis fiscal, et tient compte des revenus effectifs, récemment constatés, de l'année passée, ainsi que de la dépréciation du mark, accrue depuis la dernière évaluation.

(1) Voir page 229.

Quant aux dépenses, il y a lieu de faire les observations suivantes :

Les subventions accordées aux services publics sont supprimées. En 1922 les dépenses prévues en vue de la réduction du prix des vivres ne s'élèvent qu'à 950 millions, contre 17,2 milliards en 1921. Les autres subventions et subsides ont été supprimés en tant que les obligations existantes le permettaient et qu'une modification de l'organisation administrative était possible. De plus, des dépenses d'autre nature ont été rayées. C'est par ces moyens que le chiffre des dépenses dans le budget de 1922 a été réduit de 24,5 milliards comparativement à celui du budget de 1921.

Ainsi qu'il résulte de la remarque finale du plan ci-joint, des économies d'un total minimum de 3 milliards de mark ont été envisagées dans les budgets extraordinaires de l'administration générale et des services publics.

Des mesures ont été prises en vue de réaliser d'autres économies dans l'administration du Reich. En vue de garantir l'exécution de ces mesures, le Gouvernement allemand a pris la résolution de nommer à cet effet au Ministère des Finances un commissaire spécial.

DETTE FLOTTANTE

Le Gouvernement allemand est résolu à faire ses plus vigoureux efforts pour empêcher tout accroissement de la dette flottante. Il est toutefois convaincu que, dans les conditions financières actuelles, de tels efforts ne pourront être menés à bonne fin si l'Allemagne ne reçoit pas une aide raisonnable par un emprunt extérieur.

Dans l'hypothèse qu'il obtiendra cette aide dans un

délai convenable, le Gouvernement allemand s'engage à solutionner la question sur la base suivante :

1° La dette flottante, telle qu'elle existait le 31 mars 1922, est considérée dès à présent comme le maximum normal;

2° Si, à la date du 30 juin 1922, ou au dernier jour d'un des mois suivants, la dette flottante dépassait ce chiffre normal maximum, des mesures seront prises pour faire rembourser l'excédent dans les trois mois suivants, notamment :

a) Soit au moyen de l'excédent disponible des recettes sur les dépenses au cours de ces trois mois;

b) Soit au moyen de crédits autres que des emprunts de la Reichsbank, et dans une forme qui ne soit pas de nature à augmenter l'inflation.

Si, malgré cela, à la fin des trois mois, la dette flottante n'est pas ramenée au maximum normal, le Gouvernement allemand déposera immédiatement des propositions portant extension du système fiscal et fera le nécessaire pour les faire voter par le Parlement, de telle manière que, dans le courant de l'exercice, ou si l'on se trouve déjà dans la seconde moitié de celui-ci, dans les six mois, il soit réalisé une somme qui permette au moins de couvrir l'excédent existant et tout excédent supplémentaire qui serait prévu comme devant probablement se produire jusqu'à la fin de l'exercice envisagé.

Pour le moment, le règlement ci-dessus subira les modifications suivantes :

a) Tant que l'emprunt n'aura pas fourni des fonds permettant de couvrir les payements effectués depuis le 1er avril 1922 par le Gouvernement allemand en monnaie étrangère en exécution des obligations imposées par le Traité de Versailles, l'on ajoutera au chiffre du 31 mars 1922, en vue de la constatation de l'excédent éventuel, une somme correspondant à la valeur en mark-papier de la partie de l'ensemble de ces payements qui, au moment considéré, n'aura pas été ainsi couverte.

b) Tous les produits des emprunts étrangers seront employés au remboursement complet de cette somme ajoutée au maximum normal, par privilège sur toutes autres affectations, sous réserve des obligations à exécuter en monnaie étrangère en vertu du Traité et des autres charges au sujet desquelles la Commission des Réparations aura donné son assentiment, à la demande du Gouvernement allemand.

CONTRÔLE

Sur la base de la lettre que la Commission des Réparations a adressée le 21 mars 1922 au Chancelier du Reich, le Gouvernement allemand donne son adhésion au principe des contrôles prévus dans cette lettre. Il comprend que ces contrôles ne porteront pas atteinte à la souveraineté du Gouvernement allemand, ne troubleront pas le fonctionnement de l'administration et ne violeront pas le secret de la fortune et des affaires individuelles des contribuables.

En ce qui concerne les recettes, le Gouvernement allemand communiquera sans retard au Comité des Garanties toutes les dispositions législatives ou réglementaires. Il délibérera avec le Comité des Garanties les mesures d'application de la législation fiscale et tarifaire, et lui donnera toutes les facilités nécessaires pour en contrôler l'exécution.

En ce qui concerne les dépenses, le Gouvernement

allemand tient à déclarer qu'il existe déjà en Allemagne un contrôle de l'engagement des dépenses tendant à prévenir les dépassements de crédits et qu'il est prêt à en renforcer l'action dans toute la mesure nécessaire. Le Gouvernement allemand donnera au Comité des Garanties toutes les possibilités aux fins de s'assurer de l'efficacité du contrôle exercé.

Les mesures de contrôle ci-dessus feront l'objet de délibérations détaillées avec le Comité des Garanties.

ÉVASION DES CAPITAUX

Il n'a pas été possible au Gouvernement allemand, étant donné les travaux qui l'ont absorbé, notamment la préparation et le vote du compromis fiscal, ainsi que l'absence pendant plusieurs semaines d'un grand nombre de ses membres, qui ont participé aux négociations de la Conférence de Gênes, de mener à un résultat définitif les délibérations relatives à la question de nouvelles propositions concernant les mesures à prendre en vue de provoquer le retour des capitaux et d'en empêcher l'évasion. Cependant le Gouvernement allemand est d'accord avec la Commission des Réparations pour estimer qu'il faudra tout faire pour parvenir au but susindiqué.

Dans les circonstances à envisager, le Gouvernement allemand attribue une importance toute spéciale au retour des capitaux évadés. Il prendra toutes les mesures nécessaires pour en provoquer le retour par la voie d'un emprunt extérieur ou intérieur. En outre, le Gouvernement allemand se déclare prêt à délibérer en détail avec le Comité des Garanties sur les dispositions à prendre contre l'évasion des capitaux et à procéder, sur la base de cette délibération, aux mesures qui pourraient être jugées utiles à ces fins.

Le Gouvernement allemand soumettra avant le 30 juin prochain à la Commission des Réparations le programme des mesures ci-dessus mentionnées.

AUTONOMIE DE LA REICHSBANK

La pleine indépendance de la Reichsbank à l'égard du Gouvernement allemand est assurée par la loi du 25 mai 1922.

STATISTIQUE

Le Gouvernement allemand a ordonné que la publication des statistiques soit reprise et ait lieu sur la même base qu'avant la guerre; il fera tenir au Comité des Garanties un mémoire renseignant sur l'état actuel de ces publications et propose que les questions relatives à la statistique soient délibérées en détail avec le Comité des Garanties.

En faisant les déclarations ci-dessus, le Gouvernement allemand est parti de l'idée que la Commission des Réparations voudra procéder à la confirmation du règlement des réparations pour l'année 1922 contenu dans la décision en date du 21 mars 1922.

Signé : Dr WIRTH.

PLAN DE LA COUVERTURE DES DÉPENSES DU REICH PENDANT L'EXERCICE DE 1922

établi sur la base d'un examen approfondi en conformité avec la lettre de la Commission des Réparations du 21 mars 1922 et avec la note du Gouvernement allemand du 9 mai 1922.

I. Revenus et dépenses ordinaires de l'Administration général du Reich.

II. Exécution du Traité de Paix. (Dépenses et leur couverture.)

III. Remarque finale. (Besoins extraordinaires du Reich, inclus ceux des administrations des services publics.)

I

REVENUS ET DÉPENSES ORDINAIRES DE L'ADMINISTRATION GÉNÉRALE DU REICH

Recettes

		Montant en milliards de mark.
Le budget pour 1922 se clôturait sur la base des estimations antérieures par.		115,5
La dépréciation de l'argent et les constatations récentes au sujet des recettes d'impôts permettent de prévoir pour 1922 les excédents suivants :		
Impôt sur le revenu	5,0	
Impôt sur le revenu des capitaux . .	0,5	
Impôt sur le chiffre d'affaires	4,5	
Impôt sur les mutations des capitaux mobiliers	1,0	
Taxe sur le transport des marchandises.	1,0	
Droits de douane et taxe sur les exportations	10,7	
Impôt sur le charbon.	11,0	
Impôt sur les tabacs	2,0	
Monopole de l'alcool	3,250	
Impôt sur le vin.	0,250	
		39,200
		154,700
Vient s'ajouter la recette de l'emprunt forcé prévue pour 1922.		40,000
Recettes totales pour 1922		194,700

Dépenses

		Milliards de mark.
D'après les publications faites jusqu'à ce jour, les dépenses du budget ordinaire de 1922 étaient estimées à		89,2
Viennent s'ajouter :		
1. Pour les augmentations des traitements à partir du 1er avril 1922	3,8	
2. Augmentation des dépenses matérielles	1,5	
3. Pour les rentes militaires (invalides de guerre)	3,3	
4. Pour les rentiers sociaux	1,0	
5. Pour les petits rentiers	0,3	
	9,9	
A déduire : diminution des parts légales des différents pays	0,1	
		9,8
Dépenses d'après les estimations fin avril 1922		99,0
Viennent s'ajouter :		
a) Majoration des allocations de vie chère à partir du 1er mai 1922, 11/12 de 4 milliards de mark = environ 3,7	3,7	
b) Augmentation des dépenses pour les pays et les communes du fait de l'augmentation des traitements.	17,2	
c) Part légale des pays et des communes à la majoration des impôts sur le revenu et sur le chiffre d'affaires de 4,5 milliards de mark . .	3,975	
		24,875
Dépenses totales pour 1922		123,875

Bilan :

	Milliards de mark.
Total des recettes 1922	194,700
Total des dépenses pour 1922	123,875
Excédent	70,825

REMARQUES

Ad. 1 et ad. *a*). L'augmentation des traitements s'imposait par suite de la hausse continuelle des prix à l'intérieur, notamment pour les produits alimentaires. Les chiffres index du Reich, comportant les dépenses pour l'alimentation, le chauffage, l'éclairage et le logement, mais non celles pour l'habillement, ont subi, depuis le mois d'octobre 1921 jusqu'au mois de mars 1922, un accroissement de 1 146 à 2 302. Ces chiffres d'enchérissement de la vie se sont élevés au mois d'avril 1922 à 2 770 et jusqu'à fin avril 1922 à 3 175.

Ad. 2. L'augmentation des dépenses résulte de la hausse générale des prix.

Ad. 3. Par suite de l'enchérissement de la vie, il a fallu augmenter les rentes des invalides de guerre à l'instar des appointements des fonctionnaires et employés.

Ad. 4. On entend par rentiers sociaux (Sozialrentner) les personnes qui touchent une rente en vertu des lois sociales d'assurances. Les rentes ont dû être augmentées dans la mesure de la dépréciation intérieure de l'argent. Les réserves, provenant des cotisations d'assurance, étant insuffisantes à cette fin par suite de la dépréciation de l'argent, le Reich a dû augmenter sa part dans le service des assurances.

Ad. 5. On entend par petits rentiers (Kleinrentner) les personnes incapables de travailler et qui ne disposent que de recettes provenant d'économies peu importantes. Ils se trouvent dans une situation économique qui est semblable à celle des rentiers sociaux.

Ad. *b*). Les raisons qui ont amené le Reich à augmenter les traitements imposent des charges correspondantes aux pays et aux communes, à l'égard de leurs fonctionnaires; vu que les impôts les plus importants sont réservés au Reich et que, de ce fait, les pays et les communes ne sont pas en mesure de se procurer eux-mêmes pour ces dépenses des moyens de couverture, une partie de l'augmentation des traitements est à la charge du Reich.

II

EXÉCUTION DU TRAITÉ DE PAIX

(Dépenses et leur couverture)

Dépenses

Selon le projet du budget pour l'exécution du Traité de Versailles pour l'exercice 1922, publié fin janvier 1922, les dépenses s'élevaient à :

	Milliards de mark.
Dans le budget ordinaire.	147,687
Dans le budget extraordinaire	39,844
	187,531

Cette évaluation était basée sur les chiffres de l'Etat des Payements de Londres et sur un change de 45 mark-papier pour 1 mark-or. Par suite de la note de la Commission des Réparations en date du 21 mars 1922, un nouveau projet de budget de l'exécution du Traité de Versailles fut rédigé fin avril 1922 sur la base d'un change de 70 mark-papier pour 1 mark-or. Quoique les sommes nécessitées pour le service des réparations fussent inférieures à celles résultant de l'Etat des Payements, les dépenses s'élevaient, selon le nouveau projet, par suite de la dépréciation de l'argent, à :

Dans le budget ordinaire.		163,159
Dans le budget extraordinaire		63,310
En détail, ces dépenses sont prévues pour les buts suivants :		
a) Dépenses générales pour les réparations.	151,900	
b) Frais des armées d'occupation.	5,219	
c) Dépenses pour les commissions interalliées.	1,343	
d) Prestations en vertu du Traité de Versailles, exception faite des dépenses de réparation. . .	25,005	
e) Frais du service de compensation	32,000	
A reporter.		226,469

		Milliards de mark.
Report		226,469
f) Dépenses à l'intérieur occasionnées par l'exécution du Traité de Versailles	11,002	
Total	226,469	

Les calculs récents permettent les réductions suivantes :

Frais d'occupation (voir chapitre 2, titre 2 du budget ordinaire et chiffre *b* de la liste ci-dessus) . .	1,000

On peut prendre pour base que les montants prévus de 5,2 milliards ne seront pas entièrement nécessités, eu égard aux négociations en cours au sujet des frais intérieurs d'occupation.

Livraisons de restitution et de substitution d'animaux vivants (voir chapitre 6 du budget extraordinaire et chiffre *d* de la liste ci-dessus)	6,000

En prenant pour base les dépenses du mois d'avril, il est permis de prévoir que les dépenses totales de l'exercice 1922 pourront être couvertes moyennant 4 milliards. Le montant de 10 milliards (compris dans les 25 005 milliards sus-mentionnés) peut

A reporter	226,469

		Milliards de mark.
Report		226,469

donc être réduit de 6 milliards, c'est-à-dire à 4 milliards.

Livraisons de restitution et de substitution de matériel (chapitre 7, titre 2, chiffre 1, du budget extraordinaire et chiffre *d* de la liste ci-dessus)	1,500	

A la suite de la décision de la Commission des Réparations en date du 5 mai 1922, n° 31, Pr. 1, le chiffre de 3 milliards (compris dans les 25,005 milliards) peut-être réduit de 1,5 milliard, c'est-à-dire à 1,5 milliard.

Dépenses mixtes pour l'exécution du Traité de Versailles (chapitre 8 du buget extraordinaire et chiffre *d* de la liste ci-dessus)	5,000	

D'après les constatations récentes, on peut prévoir qu'au cours de l'année 1922, au lieu du montant de 10 milliards (compris dans les 25,005 milliards) 5 milliards seulement seront nécessités.

Donc réduction des besoins. . . .	13,500	
		13,500

Besoins restants :

Selon la partie I de ce mémoire est disponible pour couvrir ce montant une somme de.		70,825
Reste par conséquent un déficit de.		142,144

En considérant ce déficit il faut observer que :

1. Pour des raisons évidentes une assez grande partie des sommes prévues pour le payement des livraisons en nature ne sera pas dépensée.

2. Entre autres, les sommes suivantes sont prévues pour des dépenses à effectuer en or :

a) Versement de réparations en espèces	50,4
b) Frais du service de compensation, en tant qu'il s'agit du clearing extérieur.	31,2
c) Dépenses pour des Commissions interalliées	1,343
Au total	82,943

3. Dans les dépenses prévues de 11 002 milliards (chiffres *f* de la liste ci-dessus, dépenses à l'intérieur occasionnées par l'exécution du Traité de Versailles) est compris un montant de 5 milliards qui ne sera pas dépensé en espèces. Il s'agit d'une autorisation à émettre des obligations et des bons du Trésor (voir Chapitre 7 titre 5 du budget extraordinaire) dont le remboursement, en tant qu'il serait à effectuer au cours de l'exercice 1922, aurait lieu moyennant un montant spécial de 1,5 milliard prévu au Chapitre 5, titre 8, chiffre c, du budget ordinaire.

III

REMARQUE FINALE

Dans le projet du budget ont été prévues les dépenses extraordinaires suivantes :

	Milliards de mark.
a) Administration générale du Reich. . . .	3,110
b) Service des chemins de fer	16,986
c) Service des postes	2,456
Au total	22,552

Eu égard à la dépréciation de la monnaie et en proportion du capital investi des services publics, ces montants sont de peu d'importance. Dans l'administration des chemins de fer il s'agit principalement de compléter le matériel roulant dans la mesure rendue nécessaire par la guerre et le Traité de Versailles.

Le Gouvernement allemand a examiné la possibilité de faire d'autres économies pendant l'exercice 1922. Cela pourra avoir lieu dans l'administration générale du Reich, en tant que, par suite de la loi sur l'assurance contre les chômages, les versements à titre d'assistance aux sans-travail, diminueront, à moins que des changements dans la situation économique n'aboutissent à une augmentation du chiffre des sans-travail. Dans le service des chemins de fer l'on compte faire 3 milliards d'économies par une forte restriction des constructions et des acquisitions prévues.

XXII

LETTRE

DU CHANCELIER DU REICH A LA COMMISSION DES RÉPARATIONS

Berlin, 30 mai 1922.

Le Chancelier du Reich,
A Monsieur le Président de la Commission des Réparations.

Comme suite à sa note en date du 28 mai 1922 (1) le Gouvernement allemand a l'honneur de vous faire savoir ce qui suit :

Comme il l'avait déjà exposé dans sa note du 9 mai 1922 (2), le Gouvernement allemand n'a pas été en mesure de se conformer à la demande de la Commission des Réparations de créer 60 milliards d'impôts nouveaux. Il a, cependant, saisi le Reichstag d'un projet de loi concernant l'émission d'un emprunt forcé, dont le produit va être utilisé pour combler le déficit du budget — à l'exclusion des besoins des Services Publics — et qui va remplacer les recettes fiscales additionnelles réclamées. Le tarif établi pour les souscriptions obligatoires est de nature à assurer que le rendement de l'emprunt forcé atteigne le chiffre de 60 milliards de mark. Par des dis-

(1) Voir page 232.
(2) Voir page 229.

positions spéciales, illustrées en détail dans l'annexe, on a pourvu à ce qu'en majeure partie, à savoir pour un montant évalué à 40 milliards de mark, les sommes souscrites à l'emprunt forcé soient versées dès l'année 1922.

Signé : WIRTH.

L'EMPRUNT FORCÉ ALLEMAND DE 1922

1. *Considérations générales.*

Aux termes du paragraphe 1 de la loi en date du 8 avril 1922 relative à des modifications du régime financier (Reichsgesetzblatt, p. 335) qui prévoit l'émission d'un emprunt forcé constituant l'équivalent de 1 milliard de mark-or et ne portant pas d'intérêts pendant les trois premières années, le Gouvernement allemand a préparé immédiatement un projet de loi relatif audit emprunt, projet qui a déjà été approuvé par le Reichsrat et qui est actuellement soumis au Reichstag pour être voté conformément à la constitution.

2. *Structure du projet.*

De sa nature, l'emprunt forcé tient le milieu entre l'emprunt ordinaire et l'impôt. Dans le projet élaboré par le Gouvernement allemand, c'est le caractère d'impôt qui prédomine. C'est ainsi que les souscripteurs de l'emprunt en devront prendre les titres au cours de 100 o/o, encore que, dès à présent, on puisse considérer comme certain que l'emprunt ne pourra se maintenir à ce cours d'émission. Pendant les trois premières années, il ne portera aucun intérêt, et son taux d'intérêt, à l'avenir, ne dépassera jamais 4 o/o. L'amortissement en pourra se faire, au choix du Gouvernement allemand, soit par le rachat au cours de la Bourse, soit par voie de tirage au sort à la valeur nominale. Etant donné que, pendant un laps de temps assez long, le cours de l'emprunt forcé va être sensiblement inférieur au pair, le sacrifice que ceci implique pour les contribuables est particulièrement grand. La possibilité d'engager les titres de l'emprunt auprès de la Reichsbank ou auprès des Caisses de prêt du Reich n'a pas plus été prévue que ne l'a été un traitement préférentiel relativement au taux d'intérêt lors de l'engagement. Le chiffre de la souscription obligatoire est déterminé par l'état de la fortune à la date du 31 décembre 1922 fixé d'après les dispositions prévues à la loi du 8 avril 1922 relative à l'impôt sur la fortune. Le tarif est également échelonné d'après le chiffre global des fortunes, pouvant atteindre jusqu'à 10 o/o de celles-ci, ce qui, étant donné les fortes charges résultant déjà de l'impôt sur le revenu, de l'impôt sur la fortune et du prélèvement sur la fortune (sacrifice à la détresse du Reich), constitue un accroissement extraordinaire des charges fiscales.

3. *Garanties pour le recouvrement pendant l'année 1922.*

Attendu qu'on projette de baser l'emprunt forcé sur l'état des fortunes à la date du 31 décembre 1922, l'établissement des rôles pour cet emprunt ne pourra se faire qu'au printemps 1923. D'autre part, il importe qu'en majeure partie les sommes souscrites à l'emprunt forcé soient déjà versées au courant de l'année 1922. C'est pourquoi le projet prévoit une souscription anticipée. Toutes les personnes tenues de souscrire à l'emprunt forcé devront, au plus tard au courant du mois d'octobre 1922, remettre une estimation personnelle de leur fortune respective et devront, au plus tard jusqu'au 1er novembre 1922, verser la part de l'emprunt forcé dont la souscription leur incombe d'après cette estimation. Les dispositions et instructions, de nature à permettre aux contribuables cette estimation anticipée, seront publiées en temps utile. La prescription suivante assurera l'exactitude de l'estimation : si le contribuable a volontairement et fautivement fait une estimation trop basse et que, lors de l'établissement définitif de sa fortune, il soit établi que son estimation est inférieure à celle-ci de plus d'un quart, il sera frappé d'une taxe qui pourra atteindre 70 o/o de l'écart entre la somme souscrite par anticipation et celle à souscrire définitivement. Ceci étant, on est en droit d'escompter qu'en 1922 l'emprunt forcé va produire 40 milliards de mark.

XXIII

LETTRE

DE LA COMMISSION DES RÉPARATIONS AU CHANCELIER DU REICH

COMMISSION DES RÉPARATIONS.

—

Le 31 mai 1922.

La Commission des Réparations,
A M. le Dr. Wirth, Chancelier du Reich.

La Commission des Réparations a l'honneur d'accuser réception de la lettre du Chancelier en date du 28 courant (1), faisant connaître les mesures déjà prises et les nouvelles mesures que le Gouvernement allemand s'engage à prendre pour satisfaire aux conditions posées par la Commission dans ses lettres du 21 mars (2) et du 13 avril (3) relatives au sursis partiel pour les payements à effectuer pendant l'année 1922 en exécution de l'Etat des Payements. La Commission a l'honneur de vous adresser ci-joint copie de sa décision n° 1976 *bis* en date d'aujourd'hui, confirmant ce sursis provisoire conformément à la procédure indiquée au dernier paragraphe de sa décision n° 1841 en date du 21 mars (4).

En raison de l'importance qu'il y a à ce qu'une décision intervienne immédiatement sur la question du sursis, la Commission s'est crue justifiée — bien que plusieurs points de la lettre dont elle accuse réception

(1) Voir page 232.
(2) Voir page 203.
(3) Voir page 222.
(4) Voir page 212.

par la présente aient besoin d'être plus complètement élucidés — à prendre dès à présent la décision ci-dessus visée, en renvoyant à plus tard, pour être traitées de la manière indiquée dans le texte de la décision, les questions qu'elle considère comme n'étant pas encore réglées.

Ces questions feront l'objet d'une nouvelle communication qui sera prochainement adressée au Chancelier.

Signé : DUBOIS.
John BRADBURY.
SALVAGO RAGGI.
BEMELMANS.

Paris, le 31 mai 1922.

DÉCISION N° 1976 *bis*

La Commission des Réparations a étudié attentivement la lettre du Chancelier allemand en date du 28 mai faisant connaître les mesures déjà prises et les nouvelles mesures que le Gouvernement allemand s'engage à prendre pour satisfaire aux conditions posées par la Commission dans ses lettres du 21 mars et du 13 avril relatives au sursis partiel pour les payements à effectuer pendant l'année 1922 en exécution de l'Etat des Payements.

Tout en regrettant que le Gouvernement allemand n'ait pas commencé plus tôt à prendre ces mesures, et tenant compte des explications données par le Gouvernement allemand, la Commission reconnaît que ce que le Gouvernement allemand a déjà fait et les nouvelles mesures qu'il s'engage à prendre constituent un effort sérieux de sa part pour répondre aux demandes de la Commission. Elle décide, en conséquence, de confirmer le sursis provisoire accordé le 21 mars pour partie des payements à effectuer en exécution de l'Etat des Payements pendant l'année 1922 : ledit sursis pour l'année 1922 deviendra donc définitif à dater du 1er juin conformément au dernier paragraphe de la décision n° 1841 de la Commission en date du 21 mars 1922.

La Commission prend note de ce que plusieurs des arrangements envisagés pour satisfaire aux conditions imposées par la Commission restent encore à délibérer en détail entre le Gouvernement allemand et le Comité des Garanties.

Elle remarque d'autre part que les propositions relatives à la dette flottante ne sont considérées par le Gouvernement allemand comme susceptibles d'être mises en pratique que si l'Allemagne peut obtenir une aide raisonnable par un emprunt extérieur.

La Commission des Réparations doit rappeler que le sursis actuellement confirmé demeure susceptible d'être annulé à tout moment conformément au dernier paragraphe *in fine* de la décision n° 1841, si la Commission arrive ultérieurement à la conviction que l'Allemagne a manqué à remplir les conditions prescrites. Sans préjudicier aux pouvoirs généraux qu'elle s'est réservée dans ledit paragraphe, la Commission se réserve expressément le droit d'annuler le sursis si, à un moment quelconque, elle n'est pas satisfaite des progrès accomplis dans le règlement des questions encore en suspens, ou si, au cas où l'Allemagne, n'arrivant pas à obtenir l'aide qu'elle désire au moyen d'un emprunt extérieur, n'exécuterait pas les mesures relatives à la limitation de la dette flottante spécifiées dans la lettre du Chancelier du 28 mai 1922, d'autres arrangements donnant satisfaction à la Commission n'interviennent pas pour régler les questions du déficit budgétaire et de la dette flottante.

XXIV

LETTRE

DE LA COMMISSION DES RÉPARATIONS AU CHANCELIER DU REICH

COMMISSION DES RÉPARATIONS.

Le 14 juin 1922.

La Commission des Réparations
Au gouvernement allemand

Dans sa lettre au Chancelier en date du 31 mai 1922 (1), la Commission des Réparations a déclaré que plusieurs points de la lettre du Chancelier, en date du 28 mai (2) avaient besoin d'être plus complètement élucidés, et que les questions non encore réglées feraient l'objet d'une nouvelle communication qui lui serait prochainement adressée. La Commission a l'honneur de faire en conséquence la communication ci-après au Gouvernement allemand.

Il a déjà été convenu que le détail des dispositions projetées pour le règlement des questions suivantes fera l'objet de délibérations avec le Comité des Garanties :

1. Contrôle des recettes et des dépenses du Reich;
2. Exportation abusive des capitaux;
3. Statistiques.

(1) Voir page 251.
(2) Voir page 232.

La Commission attendra donc le résultat des délibérations du Comité des Garanties avec le Gouvernement allemand sur ces points.

Il reste en outre à régler les questions suivantes :

Emprunt forcé. — La Commission a l'honneur d'accuser réception de la lettre du Chancelier en date du 30 mai.

La Commission comprend que toutes les dispositions seront prises en temps utile pour que les recettes effectuées à ce titre, avant le 1er janvier 1923, s'élèvent à au moins 40 milliards.

Déficit des budgets des services publics. — La Commission tient à faire observer que le plan budgétaire qui lui a été soumis ne prévoit pas de recettes supplémentaires pour faire face au déficit des services publics.

Il est vrai que la lettre du Chancelier en date du 28 mai contient le passage suivant :

« Les subventions accordées aux services publics sont supprimées. En 1922, les dépenses prévues en vue de la réduction du prix des vivres ne s'élèvent qu'à 950 millions contre 1 1/2 à 2 milliards en 1921. Les autres subventions et subsides ont été supprimés en tant que les obligations existantes le permettaient et qu'une modification de l'organisation administrative était possible. De plus, des dépenses d'autre nature ont été rayées. C'est par ces moyens que le chiffre des dépenses dans le budget de 1922 a été réduit de 24,5 milliards comparativement à celui du budget de 1921.

« Ainsi qu'il résulte de la remarque finale du plan ci-joint, des économies d'un total minimum de 3 milliards de mark ont été envisagées dans les budgets extraordinaires de l'administration générale et des services publics. »

Mais il n'est rien dit des voies et moyens destinés à faire face aux dépenses extraordinaires de ces services et qui s'élèvent à 16 986 millions pour les chemins de fer et à 2 534 millions pour les postes. La Commission des Réparations attend du Gouvernement allemand des propositions précises sur cette question.

Autonomie de la Reichsbank. — La Commission des Réparations prend note de l'affirmation par le Chancelier du fait que la pleine indépendance de la Reichsbank est assurée par la loi du 25 mai 1922. Elle reconnaît que cette loi retire au Gouvernement du Reich le droit d'agir directement sur la conduite des opérations de la Banque, qu'il tenait de la loi de 1875.

Toutefois, pour que la Reichsbank soit assurée d'une indépendance réelle, il faut, non seulement qu'elle soit une institution indépendante, mais que son personnel soit également indépendant.

La Commission comprend que les droits du Gouvernement en ce qui concerne la nomination du Président et des membres du Conseil de Direction se limitent à un contrôle s'exerçant sous la forme d'un simple droit de veto et qu'une entière liberté de choix sera laissée aux actionnaires ou à leurs représentants. Elle attache beaucoup d'importance à ces dispositions; elle préférerait même que le droit de veto ne portât que sur le choix du Président.

La Commission estime en outre qu'il conviendrait que le Président fût toujours pris parmi les membres du Conseil de Direction en exercice.

Les dispositions de la nouvelle loi concernant ces points ne sont pas parfaitement claires; la Commission désirerait recevoir du Gouvernement allemand l'assurance qu'elles seront appliquées par lui de la manière qu'elle vient d'indiquer.

En outre, en ce qui concerne la rémunération du personnel de la Banque, il convient que dans toutes les questions des traitements à accorder aux individus de pleins pouvoirs soient laissés aux représentants des actionnaires.

La Commission n'insiste pas pour l'adoption immédiate d'une loi nouvelle précisant ces divers points, si le Gouvernement allemand s'engage à réaliser les intentions de la Commission par la voie administrative; toutefois, elle se réserve le droit de demander une loi nouvelle si l'expérience en démontre la nécessité.

Cependant, l'indépendance de la Reichsbank, même si elle est rendue entière de la façon indiquée ci-dessus, n'aura d'utilité pratique pour la sauvegarde de la monnaie et du crédit de l'Allemagne que s'il peut en être effectivement fait usage pour obtenir que les avances de la Reichsbank au Gouvernement ne soient faites que suivant les principes d'une saine politique bancaire.

Tant que la Reichsbank sera autorisée à émettre des billets contre des bons du Trésor, on ne saurait guère s'attendre à voir son autonomie s'exercer d'une manière effective à ce sujet.

La Commission reconnaît que toute restriction de la circulation fiduciaire doit être précédée par la couverture des dépenses publiques au moyen de recettes réelles provenant des impôts et des emprunts intérieurs, à l'exclusion des Bons du Trésor escomptés directement ou indirectement par la Reichsbank. Elle ne conteste pas qu'il serait actuellement prématuré de tenter de rétablir purement et simplement la limitation de l'émission abolie par les lois modifiant la loi de 1875, qui ont été votées depuis 1914, sans avoir préalablement remis de l'ordre dans les finances de l'Etat. Mais elle estime que le Gouvernement allemand doit préparer dès maintenant les mesures qu'il sera nécessaire d'introduire ultérieurement pour rétablir une limitation raisonnable du droit d'émission de la Banque et faire d'une manière continue de sérieux efforts pour en réaliser progressivement l'application, aussitôt et à mesure que les circonstances le permettront.

Faute d'agir ainsi il serait fort à craindre que les sacrifices qui sont actuellement demandés au peuple allemand pour arrêter l'accroissement de la dette flottante n'atteignent pas le but visé.

Signé : DUBOIS.
John BRADBURY.
Léon DELACROIX.
SALVAGO RAGGI.

Imprimerie de J. Dumoulin, à Paris. — 1111.10.22.

DÉJA PARUS
DANS LA MÊME SÉRIE

I. État des Obligations de l'Allemagne au titre des réparations, etc., à la date du 30 avril 1922. 1 vol. . . . . . . **5** fr. *net*

II. Accords relatifs aux Livraisons en nature à effectuer par l'Allemagne au titre des Réparations. 1 vol. . . . . **4** fr. *net*

N. B. — *Un texte anglais de tous les volumes paraissant dans la présente collection est publié simultanément à Londres par le Stationery Office.*

www.ingramcontent.com/pod-product-compliance
Ingram Content Group UK Ltd.
Pitfield, Milton Keynes, MK11 3LW, UK
UKHW022051260726
13993UKWH00001B/44